D1723505

Mathias Wilhelm

Was ist Sünde?

Antworten aus der Sicht
evangelischer Theologen
des 20. Jahrhunderts

Bachelor + Master
Publishing

Wilhelm, Mathias: Was ist Sünde? Antworten aus der Sicht evangelischer Theologen des 20. Jahrhunderts, Hamburg, Bachelor + Master Publishing 2013
Originaltitel der Abschlussarbeit: Das Thema "Sünde" in neueren Entwürfen der evangelischen Theologie

Buch-ISBN: 978-3-95549-357-8
PDF-eBook-ISBN: 978-3-95549-857-3
Druck/Herstellung: Bachelor + Master Publishing, Hamburg, 2013
Zugl. Westfälische Wilhelms-Universität Münster, Münster, Deutschland, Staatsexamensarbeit, Dezember 2012

Bibliografische Information der Deutschen Nationalbibliothek:
Die Deutsche Nationalbibliothek verzeichnet diese Publikation in der Deutschen Nationalbibliografie; detaillierte bibliografische Daten sind im Internet über http://dnb.d-nb.de abrufbar.

© Bachelor + Master Publishing, Imprint der Diplomica Verlag GmbH
Hermannstal 119k, 22119 Hamburg
http://www.diplomica-verlag.de, Hamburg 2013
Printed in Germany

Inhaltsverzeichnis

I. Einleitung

In der vorliegenden Arbeit soll ein Einblick in das Thema der Sünde in der neueren evangelischen Theologie gegeben werden. Hierzu sollen einzelne Themenfelder, die sich in den hamartiologischen Konzeptionen evangelischer Theologen seit dem Zweiten Weltkrieg indizieren lassen, behandelt werden.

Um eine dem Umfang der vorliegenden Arbeit angemessene Auswahl der zu rezipierenden Theologen zu treffen, wird sich die tiefer greifende Darstellung theologischer Rahmenbedingungen der einzelnen hamartiologischen Konzeptionen auf die Entwürfe von Paul Tillich, Wolfhart Pannenberg, Wilfried Joest und Eberhard Jüngel beschränken. Da es sich hier um je zwei Vertreter von zwei unterschiedlichen methodologischen Ansätzen handelt, kann über eine reine Rezeption hinaus auch auf die grundsätzliche Frage nach der Angemessenheit und Ergiebigkeit der jeweiligen Ansätze eingegangen werden.

Neben diesen näher zu betrachtenden Einzelentwürfen in Kapitel V, die das Kernstück der vorliegenden Arbeit ausmachen, sollen auch allgemeinere Fragestellungen, wie die Frage nach der Wurzel der Sünde, die Frage nach der Erkennbarkeit von Sünde sowie die Frage nach der Schuld und schließlich nach dem Zusammenhang von Sünde und Tod, behandelt werden. Vermittelnd wird dabei neben den vier Primärquellen auch immer wieder auf ausgewählte Sekundärliteratur zurückgegriffen, damit auf diese Weise eine Vertiefung der Materie möglich wird.

Der ökumenische Diskurs zur Sündenlehre wird – wenn überhaupt – nur am Rande eine Rolle in den Ausführungen spielen können. Eine adäquate Darstellung der evangelischen Lehre von der Sünde soll im Vordergrund stehen. Wenn jedoch trotzdem einzelne katholische Stimmen zu Worte kommen, soll dies der Verdeutlichung des evangelischen Verständnisses dienen.

Zu Beginn soll nun eine erste Annäherung an das Thema der Sünde durch eine Rückblende in das 5. nachchristliche Jahrhundert mit dem Blick auf eine hamartiologische Auseinandersetzung zwischen dem Kirchenvater Augustin und dem britischen Mönch Pelagius und damit zweier Kirchenmänner der sich gerade institutionalisierenden christlichen Kirche ermöglicht werden.

II. Kennzeichen hamartiologischer Auseinandersetzungen am Beispiel des pelagianischen Streits

Die Lehre von der Sünde erfuhr im Laufe der Theologiegeschichte verschiedene strukturelle Modifikationen, die immer wieder intensiv umkämpft wurden. Die jeweiligen Auseinandersetzungen trugen dazu bei, dass die einzelnen analytischen Probleme in den theologischen Reflexionsprozessen mehr und mehr zu Tage treten konnten. Das Ringen um adäquate Begrifflichkeiten, exegetische Interpretationen und die Sehnsucht nach einem theologischen System, mit dessen Hilfe der Mensch sein eigenes Wesen und sein Verhältnis zu Gott und Schöpfung angemessen zum Ausdruck bringen konnte, zeugt von der existentiellen Betroffenheit, die den theologisch denkenden und suchenden Menschen immer wieder neu in die Sündenproblematik seines Daseins einholte.

Die jeweiligen Initialzündungen für die einzelnen Reflexionsprozesse weisen trotz ihrer ganz unterschiedlichen historischen Situiertheit Kennzeichen auf, die sich auch in aktuellen Auseinandersetzungen wiedererkennen lassen. Während sich also die Notwendigkeit einer Neuformulierung der Lehre von der Sünde des Menschen aus verschiedenen Anlässen heraus ergab, kreisten die Überlegungen doch immer um sehr ähnliche, wenn nicht sogar mit den heutigen Grundfragen identische Konfliktpunkte. Eine wirkungsgeschichtlich mächtige hamartiologische Auseinandersetzung ist der pelagianische Streit, der formal durch das Dogma von Karthago im Jahr 418 zumindest im Westen mit der Verurteilung der pelagianischen Lehre entschieden wurde, was letztlich auch eine formale Anerkennung der Erbsünden- und Gnadenlehre Augustins zur Folge hatte.[1]

Im Zentrum dieses Streits stand die Frage, wie das praktische Verhältnis des Menschen zum Heilswirken Gottes angemessen erfasst und gelehrt werden konnte. Während im augustinischen Menschenbild ein grundlegend negatives Profil bezüglich der Möglichkeit eines Synergismus von Gott und Mensch im Heilsgeschehen zu ratifizieren ist, ließ Pelagius diesbezüglich ein optimistischeres Verständnis vom bei ihm überwiegend moralisch begriffenen Wesen des Menschen erkennen. Für ihn war die *natura* des Menschen eine von Gott gegebene Schöpfungsgabe, die er daher im Sinne einer Gnadenhilfe auffasste.[2] Zu der so aufge-

---

1 Vgl. hierzu HAUSCHILD, Lehrbuch der Kirchen- und Dogmengeschichte, Bd. I, 2000, 245.
2 Vgl. HOPING, Freiheit im Widerspruch, 1990, 22: „Die Möglichkeit des Menschen zur Nachahmung Gottes in Gerechtigkeit, Heiligkeit und Wahrhaftigkeit liegt in seinem liberum arbitri-

3

fassten Gnadenhilfe Gottes gehörte die Willensfreiheit, mit deren Hilfe der Mensch für das göttliche Heilswirken grundsätzlich und unmittelbar empfänglich sei. Der Mensch sei zwar durch das *Fleisch* geschwächt, könne aber mit dem von Gott in Christus offenbarten und wirkmächtigen Vorbild des neuen Menschen in seiner *natürlichen* Freiheit das Gute ergreifen und in die Tat umsetzen.[3]

Doch gerade diese Vorstellung von der menschlichen Freiheit als einer Freiheit des Willens sich für das Gute entscheiden und es in die Tat umsetzen zu können erwies sich als die relevanteste Differenz zwischen Pelagius' und der augustinischen Auffassung von der Möglichkeit des Menschen dem Willen Gottes zu entsprechen. Nach Augustin ist der Mensch gerade nicht schon von Natur aus frei zum Tun des Guten, da die menschliche Natur durch den Sündenfall Adams verdorben ist und daher unfähig zu einem unvermittelten Leben ohne Sünde wurde. Allein die Gnade Gottes, die aber nicht mehr in den *gefallenen* Naturanlagen des Menschen impliziert sei, könne den Menschen für das befreiende und heilbringende göttliche Wirken neu empfänglich machen.[4] Hier lässt sich eine unterschiedliche Interpretation dessen anzudeuten, was theologisch mit dem Begriff der Gottebenbildlichkeit angesprochen ist.

II.1. Auswertung

Wichtig für die weitere Darstellung der vorliegenden Arbeit ist, dass Augustin in seiner Argumentation den Primat Gottes im Heilsgeschehen betonte gegenüber einer menschlichen Option dem Willen Gottes ohne ein zuvorkommendes göttliches Wirken entsprechen zu können. Sündlosigkeit ist demnach, laut Augustin, einem menschlichen Bemühen um Gerechtigkeit nicht beschert, sondern kann sich

---

um. Dieses gehört für Pelagius zur natura humana. Als von Gott geschenktes Vermögen ist es aber zugleich Gnade."

3 Vgl. KLEFFMANN, Die Erbsündenlehre, 1994, 88: „Pelagius begründet ein liberum arbitrium hinsichtlich Sünde und Gerechtigkeit in der *Natur* des Menschen als einer gut geschaffenen […]. Die gut geschaffene Natur des Menschen ist durch Nachahmung des schlechten Beispiels Adams und der sich daraus ergebenden Gewohnheit nur […] verdeckt. Zu dieser Natur tritt die Wahrheit Christi, als korrigierende Lehre und Beispiel seines Lebens, nur hinzu. Der freie Wille kann dann diese Gnade Gottes ergreifen und so der Mensch die eigene Natur verwirklichen."

4 Vgl. LEONHARDT, Grundinformation, 2004, 221: „Nach Augustin ist der der Erbsünde verfallene Mensch [...] völlig von Gott abgewendet und ganz auf sich selbst bezogen. Deshalb ist er unfähig, sich durch seine Willensentscheidung Gott wieder zuzuwenden." Vgl. hingegen HAUSCHILD, Lehrbuch der Kirchen- und Dogmengeschichte, Bd. I, 2000, 243 zur pelagianischen Auffassung: „Durch ihn [Adam] ist die **Sünde** im Sinne einer faktischen Kausalität (als *Reich der Sünde/regnum peccati*) in die Welt gekommen und zu einem wirkmächtigen Impuls (*occasio*) geworden, der in der Menschheit als ein soziales Gepräge (*consuetudo*) steckt".

zunächst allein aus der dem Menschen zuvorkommenden, erbarmenden Zuwendung Gottes ergeben.

Der Vorstellung, der Mensch habe von Natur her die Veranlagung zur freien Wahl zwischen Gut und Böse ist mit dem Hinweis auf das *peccatum originale* entgegenzutreten, das in einer im Verlauf dieser Arbeit noch näher zu bestimmenden Weise von Anfang an über den Menschen herrscht und ihn von der Erfüllung des göttlichen Willens abhält. Auch der pelagianischen Vorstellung, gemäß der das Wort Gottes, insbesondere die Lehre Jesu an sich bereits im Sinne einer Orientierungs- und Korrekturhilfe für das Tun des Guten ausreiche, muss mit demselben Hinweis auf die Sündenherrschaft über den Menschen *post lapsum* widersprochen werden. Aus diesem kurzen Einblick in Grundlinien der theologischen Auseinandersetzung zwischen Pelagius und Augustin lassen sich nun bereits folgende wichtige Zusammenhänge im Ringen um ein angemessenes Sündenverständnis für die weitere Betrachtung der vorliegenden Arbeit festhalten:

a) Zunächst lässt sich der enge Zusammenhang von *Sünde und Gnade* herausstellen. Dieser Zusammenhang verdeutlicht, dass jeder, der etwas über die Sünde des Menschen zu sagen hat, zugleich in die Situation gerät, sich über das korrespondierende Heils- bzw. Gerichtshandeln Gottes äußern zu müssen. Es geht also um das Gottesverhältnis des Menschen. Eine Darstellung der Sünde des Menschen muss sich daher in einer solchen Form vollziehen, dass menschliches Sündersein vor Gott das Verhältnis von Gott als dem *Schöpfer* und dem Menschen als dessen *Geschöpf* in angemessener Weise reflektiert.

Bei Pelagius ist dies auf den ersten Blick sogar der Fall gewesen. Denn er fasste die Befähigung des Menschen dem Willen Gottes entsprechen zu können als eine Schöpfungsgabe Gottes auf, die er in den Naturanlagen des Menschen *materialiter* präsent glaubte. Doch genau darin unterschied er sich von der Auffassung Augustins, der nicht in den Naturanlagen selbst die Fähigkeit zur Entsprechung des göttlichen Willens sah, sondern in der Urstandsgnade Gottes, die es dem Menschen vor dem Fall ermöglichte seine Triebe durch seinen Willen zu kontrollieren. Diese Kontrolle verlor Adam jedoch durch seine Sünde, was der Unterwerfung seines Willens unter seine Triebe zur Folge hatte. Die Tiefe menschlicher Sündhaftigkeit, wie sie in der augustinischen Vorstellung zu Tage tritt, ist mit dieser Voraussetzung also nicht mehr Sache des menschlichen Willens, da dieser seine Macht eingebüßt hat.[5]

Zudem konnte sich Augustin scheinbar mit Röm 5,12 auf eine notwendige Identifikation jedes einzelnen Menschen mit Adam berufen, so dass die Sünde Adams nicht lediglich als ein wirkmächtiger Impuls innerhalb des menschlich-sozialen Gefüges, sondern als ontologischer Zustand jedes einzelnen Menschen verstanden werden musste. So könnte man bei Pelagius von einer Überschätzung menschlichen Engagements im Heilsgeschehen sprechen, wohingegen sich Augustin um ein Schöpfersein Gottes auch im Heilsgeschehen bemühte, worin Gott selbst die Initiative ergreift und den Menschen in seinem Wesen gewissermaßen neu erschafft, um dem Heil teilhaftig zu werden. In diesem Kennzeichen hamartiologischer Auseinandersetzungen geht es also primär um das Gottesverhältnis des Menschen.

b) Wer über das Sündersein des Menschen vor Gott etwas aussagt, impliziert darin auch immer schon eine bestimmte Auffassung von der *Gottebenbildlichkeit* und kommt in die Situation, in der er den Begriff der Gottebenbildlichkeit in seine systematische Darstellung von der Sünde des Menschen mit einbeziehen muss. In der Interpretation der Adamsgeschichte lag im Grunde die Differenz in der anthropologischen Orientierung beider Ansätze begründet.

Es geht hierin um die Frage nach der Integrität der Gottebenbildlichkeit *post lapsum* und ihrer Bedeutung für das menschliche Sein. Die Gottebenbildlichkeit stellt daher die Frage nach der Identität des Menschen im Lichte seiner geschöpflichen Bestimmung. Bei einer systematischen Analyse der Sünde des Menschen muss daher auf das Verständnis von der Gottebenbildlichkeit eingegangen werden, wie auch auf die Frage nach dessen Realisierungskonditionen. Hierin spiegelt sich insbesondere das Selbstverhältnis des Menschen wider.

c) Zuletzt muss noch auf den Zusammenhang von *Sündersein und menschlichem Dasein in der Welt* hingewiesen werden. Je nachdem, wie das Vermögen des Menschen, das Gute zu wählen und zu tun, aus den beiden obigen Zusammenhängen charakterisiert wird, ergibt sich auch eine dementsprechende Aussage über seine Freiheit bzw. Unfreiheit im Verhältnis zu seiner Sünde und damit auch zu seinem Verhältnis zur Umwelt, der übrigen Schöpfung.

Hier muss die Art und Weise, wie der Mensch in seinen Handlungen sein Sündersein vollzieht, dargestellt werden. Wird der Mensch lediglich als in seiner

---

5 Vgl. Anm. 4.

6

Kraft, das Gute zu wählen und zu tun, gehemmt begriffen, wie etwa bei Pelagius, dann wäre es denkbar von einem Bemühen des Menschen zu reden, das ihn wieder das Gute vollbringen ließe. Folgt man jedoch Augustin, so steht der Mensch *seit* Adam unter der Herrschaft der Sünde und wählt immer das Böse, sofern er nicht durch die Gnade Gottes in seinem Wollen verändert wird. Hier geht es letztlich auch um das Verhältnis von *Sünde als einer Macht*, die den Menschen in seinem Wollen und Handeln immer prägt oder gar ohnmächtig erscheinen lassen kann, und *Sünde als menschliche Tat*, was den menschlichen Täter der Sünde zur Verantwortung ruft.

All diese Zusammenhänge stehen, wie bereits der knappe Einblick gezeigt hat, in enger Interdependenz zueinander. Daher ist es kaum möglich, eine Darstellung einzelner Aspekte der Sündenlehre durchzuführen, ohne dass dabei auch auf andere Aspekte einzugehen ist. Die drei Kennzeichen hamartiologischer Diskurse, konkretisiert als drei Verhältnisbestimmungen menschlichen Daseins, als Gottes-, Selbst- und Weltverhältnis, die sich bereits für die Auseinandersetzung des pelagianischen Streits des 5. Jahrhunderts indizieren lassen, haben bis in die neueren systematisch-theologischen Konzeptionen hinein immer wieder eine wichtige Rolle gespielt, wenn es darum ging, sich eine methodische Orientierung in der wissenschaftlichen Erarbeitung zu verschaffen. Zudem ergaben sich noch durch das Wegbrechen der historischen Interpretation der Sündenfallgeschichte differenziertere Probleme, die eine systematische Hamartiologie vor neue Herausforderungen gestellt hat.

III. Die Frage nach der Wurzel der Sünde

Eine Darstellung der Lehre von der Sünde muss eine genauere Definition ihres Gegenstandes leisten um dann weitere analytische Schritte gehen zu können, in denen der definierte Gegenstand aus unterschiedlichen Perspektiven betrachtet werden kann. Daher wird in diesem Kapitel das Verhältnis von Ursünde und Tatsünden betrachtet, wodurch eine Annäherung an die Wurzel des Sündigens ermöglicht werden soll. Im nächsten Kapitel soll diese dann intensiver diskutiert werden. Hierfür ist es hilfreich zunächst auf die Problematik mit der traditionellen Erbsündenlehre einzugehen und eine Skizzierung ihres Interpretationswandels zu geben.

Die Sündenverfallenheit jedes einzelnen Menschen und damit das allgemein gültige Sündenbewusstsein wurde lange Zeit durch die Vorstellung von einer dem Menschen unverfügbaren Gegebenheit in seinem natürlichen Wesen begründet. Die Vorstellung von einer genetischen Vererbung der Sünde Adams durch die sexuelle Fortpflanzung machte ein Infragestellen der Universalität der Sünde, also der Sündhaftigkeit jedes Menschen, undenkbar.

Die dogmatische Sicherung des christlichen Sündenbewusstseins durch die Erbsündenlehre wurde jedoch durch die Kritik der Aufklärung an den kirchlichen Dogmen erschüttert und erlag schließlich in ihrer traditionellen Ausprägung der Schwere der argumentativen Einwände, was letztlich zu ihrer Auflösung im Protestantismus und schließlich auch im Katholizismus führte.[6] Der neuzeitlichen Tendenz den Menschen in seiner personalen Konstitution primär als Täter zu betrachten ist es wohl geschuldet, dass nicht nur die genetisch-biologische Interpretation der Erbsündenlehre, sondern auch jeder andere wohl möglich noch zu wahrende theologische Sachverhalt in ihr für das neuzeitliche Bewusstsein schwer zugänglich wurde.

Augustin formulierte in der Auseinandersetzung mit Pelagius seine Erbsündenlehre, in der es um die Frage ging, inwiefern der Mensch nach dem Sün-

---

6 PANNENBERG führt erklärend an, dass die biblische Basis für eine dogmatische Fixierung der Erbsündenlehre eine Relativierung erfuhr, so dass die zunehmend kritische Lesart katholischer und altprotestantischer Dogmen eine Interpretationsumwandlung mit sich brachte. Sünde blieb allenfalls in Form einer Tat aus freier Entscheidung des Individuums noch als schuldhaft denkbar. Eine über diesen Gedanken hinausgehende Überlegung bezüglich einer Allgemeinheit der Sünde, die jeden Menschen schuldhaft anhänge, konnte sich zunächst nicht effektiv gegen die reduktiven Tendenzen der aufklärerischen Kritik behaupten. Was blieb war, so PANNENBERG, „die Erzeugung eines falschen Schuldbewusstseins von vager Allgemeinheit in Verbindung mit Moralismus." PANNENBERG, Systematische Theologie, Bd. II, 1991, 270.

denfall noch imstande sei, das Gute zu wählen oder sich der Sünde erwehren zu können, bzw. ob es dem Menschen auch nach dem Sündenfall Adams noch frei stünde, das Sündigen zu unterlassen.[7] Pelagius gab diesbezüglich eine optimistischere Antwort[8] als Augustin, der letztlich siegreich mit seiner Lehre aus dem Konflikt hervorging. Spätestens seit Augustin galt der Mensch nach dem Sündenfall als unfähig zum Guten und war somit allein auf die Gnade Gottes im Heilsgeschehen angewiesen. Doch die Lehre von der Erbsünde besaß immer schon eine argumentative Achillesferse, die von der Frage nach der schuldhaften Teilhabe aller Menschen an der Sünde Adams ihren Ausgang nimmt.

Das Problem lässt sich wie folgt skizzieren: Wenn Adam als der erste Mensch gesündigt hat und damit aus dem Paradies verbannt wurde, dann muss erklärt werden, inwiefern jeder einzelne Nachkomme Adams für dessen Handeln mitverantwortlich gemacht werden konnte. Denn schon bei Paulus wurde die Faktizität der allgemeinen Verbreitung der Sündhaftigkeit mit der allgemeinen Gebundenheit des Menschen an seine Sterblichkeit bestärkt, und zwar in der Form, dass jeder Nachkomme die gleiche Konsequenz tragen müsse.[9]

Daher musste die Sünde Adams, der die Konsequenz des Todes eignete, also als Ursache des Todesgeschicks begriffen wurde, in irgendeiner Weise auf alle Menschen appliziert werden.[10] Alle Erklärungsversuche stützten sich im Grunde auf unterschiedliche Variationen einer jeweils verschieden verstandenen Gegenwart jedes Nachkommens in Adam beim Sündenfall, woraus Teilhabe und Mitschuld an seiner Sünde annehmbar gemacht werden sollten.

Mit dem Bezug auf Röm 5,12 konnte sich Augustin vermeintlich auf biblisches Fundament stellen, um die Behauptung einer biologisch-genetisch verstandenen Anwesenheit aller Menschen beim ersten Sündenfall Adams zu bestärken. Neben der Stelle aus dem Römerbrief wurde auch Ps 51,7 als ein Schriftargument für die biologisch-genetisch verstandene Weitergabe des durch den Sündenfall defekten Erbmaterials Adams herangezogen.[11]

---

7   Vgl. auch zu dieser Frage JÜNGELS Ausführungen des dialektischen *nolens volens* menschlichen Sündigens in: JÜNGEL, Das Evangelium von der Rechtfertigung, 2006, 110ff. Dem Mensch eignet sowohl das *posse non peccare* als auch das *non posse non pecare*.

8   Vgl. Kapitel II. der vorliegenden Arbeit.

9   Vgl. Röm 5,12 ff.

10 In Gen 2,17 warnt Gott den Menschen, nicht von der Frucht des Baumes der Erkenntnis von Gut und Böse zu essen, da er sonst sterben müsse.

11 Dieser Defekt der *natura humana* bestand für Augustin in dem Verlust der Triebkontrolle durch den Willen des Menschen. Dieser Gedanke wurde dann in der altprotestantischen Orthodoxie mit der Lehre von der *iustitia origins* vertieft. Vgl. hierzu den Überblick über die heilsge-

Der scheinbare Vorteil, den diese biologisch-genetische Deutung der Ursünde mit sich brachte, ist, dass man sich die Sündhaftigkeit aller Menschen als Nachkommen Adams mit der schlichten Annahme einer historischen ersten Tatsünde erklären konnte. Doch musste nicht dann jede Sünde der Nachkommen Adams als Folge verstanden werden und musste damit nicht die Frage nach der Schuld der Nachkommen Adams wenn nicht verneinend, dann zumindest relativierend beantwortet werden? Dass jeder Mensch Sünder ist, kann mit dem Hinweis auf einen geschichtlichen *Fall* des ersten Menschen als *factum* begreifbar gemacht werden, *wie* er aber in Sünde gefallen war nicht. Die Frage nach der Sünde des Menschen, also nach der Wurzel seiner sündigen Taten, ist durch den Verweis auf die erste Sünde des ersten Menschen lediglich um eine Ebene verschoben worden.[12] Auch die exegetische Deutung von Röm 5,12f ist – was den Urtext betrifft – nicht tragbar.[13]

Daher kann es nicht genügen, die Wurzel der Sünde des Menschen mit dem Hinweis auf eine erste Tatsünde Adams zu identifizieren.[14] Sünde muss als etwas verstanden werden, das den Menschen bereits vor seinem Tätigwerden bewegt. Es muss deutlich sein, dass alle Tatsünden – inklusive des Verzehrs der „Paradiesfrucht" durch Adam – zusammen mit ihrer inneren Motivation erklärt werden müssen, da sie als Ausführung einer inneren Bewegung des Menschen gedacht werden müssen. D.h. sündige Handlungen entfalten *nur* etwas, was sich bereits im Menschen befindet. Auch Luther sah nicht zuerst in der Tat des Menschen seine Sünde gegenwärtig, sondern bereits vor jeder Tat in seinem Sein begründet. Er „versteht die Sünde als eine Bestimmung des Seins der Person, aus der dann

---

schichtlichen Zustände der reformatorischen Fünfständelehre in: LEONHARDT, Grundinformation, 2004, 181f.

12 HÄRLE macht dasselbe Argument für den Hinweis auf die Schlange oder den Teufel für eine Beantwortung auf die Frage nach der Wurzel der Sünde Adams und damit jedes Menschen geltend: „Diese Deutung löst das Problem nicht, sondern verschiebt es nur an eine andere Stelle und auf eine andere Ebene. Denn nun stellt sich die Frage: Wo liegt der Ursprung des Teufels?" HÄRLE, Dogmatik, 2007, 472.

13 Augustin hatte sich auf eine Lesart der Vulgata bezogen. Wilfried JOEST bemerkt hierzu: „In Röm 5,12f wird zwar gesagt, daß durch einen Menschen die Sünde in die Welt gekommen ist und durch sie der Tod, und daß daraufhin (so ist das 'eph'ho' von 5,12 nach weit überwiegender Meinung der Exegeten zu übersetzen) alle gesündigt haben. Aber über das Wie dieses „daraufhin" wird dort nichts gesagt." JOEST, Dogmatik, Bd.II, 1993, 407.

14 Auch Augustin fand neben dem Argument des historischen Sündenfalls noch eine von dieser unterscheidbare Erklärung der Sündenwurzel, die mit den Begriffen *superbia* und *amor sui* eine Art psychologische Analyse des Sündenfalls darstellt, die auch in der neueren Theologie noch fortwirkt. Vgl. hierzu v.a. die Konzeption PANNENBERGS in Kapitel V.2. der vorliegenden Arbeit.

die sündigen Taten hervorgehen wie schlechte Früchte."[15]

Die Konstitution des menschlichen Seins als Sündersein ist im Endeffekt auch der zu wahrende theologische Gehalt der Erbsündenlehre.[16] JÜNGEL führt eine zusammenfassende Erörterung dieses theologischen Sachverhalts anhand der Begriffe *peccatum originale* und *peccatum radicale* durch. So fasst er den augustinischen Begriff *peccatum originale* wie folgt zusammen: „Durch die Rede vom peccatum originale und von seiner Herrschaft über alle Menschen […] wird angezeigt, daß nicht nur die einzelne Tat des Menschen, sondern das ganze Sein des Menschen sündig ist, und zwar immer schon sündig ist."[17]

Noch deutlicher und vor allem ohne ausdrücklichen Rückbezug auf den Anfang (*origo*) beschrieb Luther mit dem Ausdruck *peccatum radicale* die Beherrschung des Menschen durch die Sünde. Dabei betonte er im Gegensatz zur scholastischen Theologie das Sein der Person als sündig, das nicht erst durch eine spezielle Tatsünde sündig würde, sondern immer schon in seiner radikalen Verfasstheit selbst der Sünde ergeben sei. Während also in der Scholastik alle Sünden des Menschen aus einem die sündigen Handlungen initiierenden *vitium* – vor allem in der *superbia* und der *concupiscentia* – begriffen wurden, war für Luther nicht erst eine spezielle Sünde des Menschen, sondern bereits sein diese Sünden hervorbringendes Sein in sich verkehrt.[18]

JOEST spricht hier von dem Moment des *Fundamentalen* in der Sünde.[19] Neben das *Fundamtentale* tritt noch das *Machtmoment* der Sünde, das die Gebundenheit des Menschen an sie beschreibt, und zudem ist noch von dem *Universalen* als einem dritten Moment der Ursünde die Rede, in dem die allgemeine Verbreitung und Teilhabe jedes Menschen an der Ursünde zum Ausdruck gebracht wird.

---

15 JÜNGEL, Das Evangelium von der Rechtfertigung, 2006, 103.
16 Vgl. HARING, Das Problem des Bösen, 1985, 109: „Luthers Rechtfertigungsverständnis hat zu einer Verdichtung des Sündenbegriffs geführt, hinter die keine Theologie mehr zurückfallen kann. 'Sünde' weist jetzt wieder wie bei Paulus vor allen Einzeltaten auf deren Wurzeln in der menschlichen Existenz."
17 JÜNGEL, Das Evangelium von der Rechtfertigung, 2006, 106.
18 Vgl. a.a.O., 107: „Die – von Luther freilich selbst noch nicht in Frage gestellte – Orientierung an der Urgeschichte als Fixpunkt (im Sinne des terminus a quo) der Weltgeschichte trat zurück hinter dem Interesse an der Wurzel der menschlichen Verkehrtheit im Sein der sündigen Person."
19 Vgl. JOEST, Dogmatik, Bd. II, 1993, 405.

III.1. Fazit

Für die Ausgangsfrage nach dem Verhältnis von Ursünde und Tatsünden bedeuten die obigen Ausführungen, dass der Mensch in seinem Verhalten unter der Herrschaft der Sündenmacht so von der Sünde *geprägt* ist, dass ihr Wesen auch das Wesen menschlicher Handlungen und damit auch die Quelle, aus der sie entspringt, widerspiegelt.[20] Folglich ist das ganze Sein des Menschen nicht erst durch seine Taten konstituiert, sondern von der Herrschaft der Sünde bestimmt.

In der scholastischen Sündenvorstellung war dies noch nicht in diesem Maße gegeben. Zwar gab es die Auffassung einer gewissen Hierarchie in der Abfolge des Sündigens, wonach Sündenursache und deren Folgen voneinander getrennt werden konnten, doch führte dies nicht zu der Einsicht, dass eben diese Ursachen nicht mehr als Tatsünden im eigentlichen Sinne begriffen werden konnten, sondern bereits das Sein des Menschen in seiner von Wurzel auf, *ex radice*, verdorbenen Wirklichkeit beschreiben.[21]

Auch JOEST legt den Ort der Wurzel menschlicher Sünde im Sein des Menschen fest, das nicht erst durch einzelne Taten geschaffen bzw. zerstört würde, sondern genau anders herum die Taten durch das „So-sein" des Menschen erzeugt würden, dieses jedoch befestigten. Dieses „So-sein" des Menschen beschreibt er des Weiteren in Anlehnung an Luthers „incurvatio hominis in se" als ein „Leben [...] im Versagen des Gottvertrauens, und daher in der Verschlossenheit in Selbstsorge und Gleichgültigkeit gegen den Nächsten."[22]

Von dieser Interpretation des Erbsündendogmas aus entfalten die vier Theologen in der vorliegenden Arbeit je mehr oder minder unterschiedliche hamartiologische Konstruktionen, die noch deutlichere Konturen annehmen sollen.

---

20 HÄRLE macht hierfür darauf aufmerksam, dass es sich bei der Sündenverfallenheit des Menschen nicht um eine Verderbtheit der guten Schöpfung Gottes, d.h. der Natur des Menschen handeln könne, sondern in Anlehnung an den 1. Artikel der Konkordienformel um ein restloses Bestimmtsein des menschlichen Wesens, das aber von der Sünde zu unterscheiden sei. Vgl. HÄRLE, Dogmatik, 2007, 478. Zu klären wäre hier allerdings m.E., wie sich das Verhältnis der neuen Kreatur des Menschen zu seiner alten im Bezug auf eine für die Rechtfertigung unerlässliche Teilhabe an Jesu Tod begreifen lässt. M.E. muss hier auch von der Natur des Menschen als einer solchen gesprochen werden, die bis in die totale Vernichtung, den Tod, ausgeliefert wird. Macht das nicht die Annahme einer vollends verderbten Natur des Menschen zumindest in gewisser Hinsicht plausibel?
21 Vgl. hierzu JÜNGEL, Das Evangelium von der Rechtfertigung, 2006, 107: „Die scholastischen Erklärungsversuche haben den Sinn herauszustellen, daß immer eine *Sünde* die Ursache der anderen Sünde ist, daß also jede Sünde immer schon von einer Sünde herkommt [...] . Aber die Sünde, von der jeweils andere Sünden herkommen, ist ihrerseits wiederum als *Tatsünde* verstanden."
22 JOEST, Dogmatik, Bd. II, 1993, 406.

IV. Zur Frage nach der Erkenntnismöglichkeit von Sünde

Bevor nun tiefer in die einzelnen hamartiologischen Konzeptionen vorgedrungen werden kann, ist zu überlegen, von woher Sünde erkennbar ist. Während TILLICH und PANNENBERG in ihrer Erörterung der Sünde auch aus nicht-theologischer und philosophisch-humanwissenschaftlicher Tradition schöpfen, orientieren sich JOEST und JÜNGEL vornehmlich an theologiegeschichtlichen Quellen, um dem Phänomen der menschlichen Sünde einen angemessenen Rahmen zu setzen. Diese grundsätzliche methodische Differenz verweist auf den theologischen Diskurs, der mit der Auseinandersetzung um den Begriff der Offenbarung als notwendige Kondition für die Erschließung von Wirklichkeit angesprochen ist.[23]

Es geht um die Frage, ob es eine menschliche Potenz gibt, die Wirklichkeit inklusive der Sünde erfassen zu können, ohne dass dabei ein Geschehen der Offenbarung von außen, von Gott her, vorauszusetzen ist oder jedes menschliche Bemühen um Sündenerkenntnis letztlich doch vom souveränen, offenbarenden Wirken Gottes abhängig gedacht werden muss. Die Antwort auf diese Frage betrifft unmittelbar die Bedingung einer kritischen Auswertung der einzelnen hamartiologischen Konstrukte.

Gegen die Position, dass Sünde sich nur im Lichte der Offenbarung erkennen ließe, führt PANNENBERG an, dass es sehr wohl einen Sachverhalt im Leben jedes Menschen geben müsse, der auch ohne besondere Offenbarung als eine Verkehrung humaner Verhaltensstruktur zu ratifizieren sei. Denn, so seine Begründung, die Faktizität der allgemeinen Sündhaftigkeit der Menschheit würde nicht erst durch die Offenbarung kreiert, sondern sei auch aus der wesenhaften Struktur menschlicher Lebensbedingungen ohne besondere religiöse Offenbarung eruierbar.[24] Dem liegt die Annahme zu Grunde, dass der Mensch unabhängig von einer Offenbarung immer in derselben Sünde sein Dasein vollzieht. Die Struktur der Sünde ändert sich nicht durch einen Erkenntnisgewinn des Subjekts des sündigen

---

23 Die offenbarungstheologische Diskussion wurde insbesondere durch PANNENBERG erneuert. Bereits 1968 machte u.a. Max SECKLER auf PANNENBERGS kritisches Verhältnis zur Wort-Gottes-Theologie aufmerksam, woran die grundsätzlichen Unterschiede in den hamartiologischen Diskursen der neueren Theologien, die in der vorliegenden Arbeit untersucht werden, auch ihren Ausgang finden. Vgl. SECKLER, Zur Diskussion um das Offenbarungsverständnis W. Pannenbergs. In: Münchener Theologische Zeitschrift, Tübingen, 19. Jahrgang, 1968, 132–134.

24 Vgl. PANNENBERG, Systematische Theologie, Bd. II, 1991, 271: „Wer die Tatsache der Sünde zu einer reinen Glaubenserkenntnis erklärt, die des Anhalts an der menschlichen Wirklichkeit, wie sie allgemeiner Erfahrung zugänglich ist, nicht bedarf, der verkennt, daß der Christusglaube die Tatsache der Sünde nicht erst schafft, sondern voraussetzt, wenngleich ihre Tiefe erst im Lichte der durch Jesus Christus vermittelten Gotteserkenntnis zu Bewußtsein kommen mag."

Verhaltens mittels Offenbarung, sondern wird *lediglich* ihrer Herkünftigkeit enthüllt und genauer lokalisierbar. So ist es PANNENBERG daran gelegen, das Phänomen der Sünde zunächst als einen nicht-theologischen Sachverhalt zu erörtern, für den zwar durchaus der Offenbarung eine analytisch vertiefende Funktion eingeräumt wird, jedoch nicht als einzig mögliche Erkenntnisbasis für alle Charakteristika des Sachverhalts Geltung haben muss.

Den Ansatzpunkt für diese nicht-theologische Analyse des anthropologischen Sachverhalts, der durch den theologischen Begriff der Sünde angesprochen ist, gewinnt PANNENBERG dabei aus der Annahme eines für jeden Menschen in seiner Lebensführung geltenden latent gegenwärtigen Bezugs zum Absoluten.[25] Hierin würde nicht bloß deutlich, dass sich der Mensch auf eine exzentrische Bestimmung seines Daseins hin verstehen muss, sondern zugleich, dass der Mensch dieser Bestimmung nicht gerecht würde.[26]

Er beschreibt die Lebenssituation des Menschen demnach aus der Sicht nicht-theologischer Wissenschaftsdisziplinen mit der Absicht einer Ratifizierung des anlagebedingten Gottesbezugs menschlichen Daseins. Diesem könne der Mensch jedoch einerseits wegen der Unbestimmtheit und damit auch Ungewissheit bezüglich dieses Gottesbezugs nicht entsprechen. Dieses Unvermögen des Menschen seiner exzentrischen Bestimmung zu entsprechen sei andererseits in der Spannung zwischen Zentralität und Exzentrizität menschlichen Daseins begründet, die immer schon und auch immer wieder zugunsten der Ichzentriertheit im menschlichen Lebensvollzug entschieden würde.[27]

Aufgrund dieser Vorstellung des Menschen, als eines mit sich selbst im Widerspruch existierenden Wesens, könnte – auch ohne den Glauben an Jesus

---

25 TILLICHS Ansatzpunkt setzt, wie in Kapitel V.1. näher darzustellen sein wird, mit der Rezeption der existentialistischen Beschreibung der Konkupiszenz bei Freud und des „Willens zur Macht" bei Nietzsche an.

26 Vgl. AXT-PISCALAR, TRE-Art.: Sünde VII, 2001, 425: „W. Pannenberg verbindet mit der Betonung eines mit dem Menschen des Menschen als solchem verbundenen und unser Lebensgefühl immer schon begleitenden 'unthematischen Wissens' um den absoluten Grund unseres Daseins im Sinne einer zunächst unbestimmten und im Phänomen der prinzipiellen Weltoffenheit sich manifestierenden Bezogenheit des Menschen auf Gott den Gedanken, daß der Mensch in seinem durch das 'Sichselberwollen' […] und mithin durch Selbstbezüglichkeit bestimmten Selbstvollzug den immer schon mitgesetzten Gottesbezug seines Lebens faktisch negiert."

27 Vgl. ebd.: „Dabei sieht Pannenberg die Sünde in der Dominanz der mit den Naturbedingungen der menschlichen Organisationsform verwobenen 'Zentralität', welche im Ichzentrum kulminiert, gegenüber der dem Menschen zugleich eigentümlichen 'Exzentrizität' […] und versteht diese Dominanz als eine 'Verkehrung der Subjektivität' in sich selber […], zu welcher der einzelne nicht im Verhältnis der Wahl steht und auch in keinem Anfangsstadium seiner Existenz gestanden hat […], die vielmehr immer schon seinen Lebensvollzug im ganzen und in allen Dimensionen der Selbst- und Welterfahrung bestimmt."

Christus und an den in ihm und durch ihn geoffenbarten Gott thematisieren zu müssen – vom Wesen der Sünde als Selbstwiderspruch des Menschen gesprochen werden.

Wenn menschliche Existenz bereits ohne das offenbarende Wort Gottes als in sich widersprüchlich verifizierbar ist, dann ist darin auch schon eine partielle Erkenntnis dessen, was die Theologie mit dem Begriff der Sünde bezeichnet, denkbar. Partiell ist diese Erkenntnis, insofern sie sich lediglich als anthropologisches Paradoxon äußert und wegen der Unbestimmtheit des Gottesbezugs keinen Anknüpfungspunkt besitzt, aus dem heraus verständlich gemacht werden könnte, warum dieser Selbstwiderspruch als Schuld vor dem Gott der Bibel thematisiert werden muss.[28]

Die Vorstellung einer partiellen Erkenntnismöglichkeit des Menschen im Hinblick auf seine Sünde ohne Offenbarung könnte sich zudem auf das paulinische Zeugnis von einer außerchristlichen Erkenntnismöglichkeit der göttlichen Gesetzesforderung berufen.[29] Wenn also von einer außerchristlichen bzw. dezidiert heidnischen Erkenntnismöglichkeit des göttlichen Gesetzes ausgegangen werden kann, ohne dass hierfür eine Offenbarung vorausgesetzt werden müsste, dann wäre noch zu klären, ob es auch eine entsprechende „heidnische" Erkenntnismöglichkeit der Sünde als Widerspruch gegen dieses Gesetz geben kann.

Hierzu ist zunächst zu betonen, dass auch schon in der paulinischen Gesetzestheologie eine völlige Gleichsetzung der göttlichen Gesetzesforderung mit den Gesetzesvorstellungen von außerhalb des Gottesvolkes nicht intendiert worden ist. Dafür spricht auch der paulinische Gedanke der Unabhängigkeit des Geltungsbereichs göttlicher Gesetzesforderung von der subjektiven Erkenntnis derselben im Gerichtsgeschehen.[30] Die Differenz zwischen natürlicher Erkenntnisfähigkeit des göttlichen Gesetzes und tatsächlichem Inhalt und Zweck desselben spielt sowohl in den Erörterungen PANNENBERGS als auch in denen JOESTS und JÜNGELS eine wichtige Rolle.[31]

---

28 Zur Frage nach der Identität von Sünde und Schuld siehe Kap. VI der vorliegenden Arbeit.
29 Paulus kann in Röm 2,14f von den gesetzesgemäßen Taten der Heiden als Nachweis der universellen – wenn auch unvollkommenen – Kenntnis des göttlichen Gesetzes ausgehen. Dem Gesetz Gottes wird gemeinhin in der protestantischen Theologie spätestens seit Luther die die Sünde des Menschen aufdeckende Funktion zugeschrieben. Die Reflexion über den *usus theologicus* führt sich auf eine ebenfalls paulinische Aussage über die Funktion des Gesetzes zurück. Vgl. Röm 3,20: „Denn durch das Gesetz kommt Erkenntnis der Sünde."
30 Vgl. Röm 2,12: „Alle die ohne Gesetz gesündigt haben, werden auch ohne Gesetz verlorengehen; und alle, die unter dem Gesetz gesündigt haben, werden durchs Gesetz verurteilt werden."
31 Der Ansatz TILLICHS muss in der Auseinandersetzung mit der Vermittlungsfunktion der Symbole

So lehnt JOEST in seiner Darlegung zur Erkenntnismöglichkeit der Sünde die Vorstellung einer Identität von menschlichem Rechtsbewusstsein und göttlichem Rechtsanspruch ab. Sowohl von der *Goldenen Regel* als auch vom Gesetz Gottes in Form der zweiten Tafel des Dekalogs könne behauptet werden, dass zwar die in ihren Ansprüchen enthaltenen Rechtsgüter nicht einfach im Widerspruch zu menschlicher Rechtsauffassung stünden, jedoch in ihrem eigentlichen Sinn und ihrem ganzen Aussagegehalt über das Wesen des Menschen nicht ohne Weiteres erkannt werden könnten.[32]

Die partielle Übereinstimmung menschlichen Rechtsbewusstseins mit der göttlichen Gesetzesforderung könnte dahingehend gedeutet werden, dass eine Tat als dem Gesetz Gottes widersprechend durchaus als Sünde *natürlich* erkannt werden könnte. Doch bleibt die Frage, ob hier schon wirklich von einer Sündenerkenntnis im strengen Sinn gesprochen werden kann. Gewiss hat die Erkenntnis gesetzeswidriger Taten auch etwas mit Sündenerkenntnis zu tun. Aber ist die Sünde selbst wirklich erst an der Gesetzesübertretung virulent, oder gehört nicht auch schon die Motivation einer sündigen Tat mit hinein in eine Betrachtung über die Erkenntnis der menschlichen Sünde? Zu klären sind daher das genaue inhaltliche Verständnis des göttlichen Gesetzes und sein Aussagegehalt im Hinblick auf den Menschen. *Was* sagt also das Gesetz *über* den Menschen aus? Ist es nur Richtschnur für geordnetes Zusammenleben, oder doch noch mehr als dies?

Der tiefere Aussagegehalt des Gesetzes besteht nach JOEST nicht zuerst in der Überführung einzelner sündiger Taten, sondern vielmehr in der Überführung des Menschen als Sünder und zwar als ganzen Menschen.[33] Das Gesetz richtet sich demnach auf die Totalität menschlichen Verhaltens und nicht bloß auf einzelne Zuwiderhandlungen gegen das Gesetz. Hier wird der Bezug zur reformatorischen Lehre vom doppelten Gebrauch des Gesetzes deutlich. Der *usus civilis* drückt hierbei die Funktion des Gesetzes als die das gesellschaftliche und alltäg-

---

geschehen, aus der heraus sich die Erkenntnis der Entfremdung menschlichen Daseins von dessen Bestimmung ermöglicht. Vgl. hierzu Werner Zagers Resümee zur hermeneutischen Methode TILLICHS: „Unser Reden von Gott ist immer nur Stückwerk, und kann nur symbolisch erfolgen." ZAGER, Glaubwürdig von Gott reden. Im Gespräch mit Paul Tillich, 2012, 24.

32 Vgl. hierzu Martin DETMERS Rezeption JOESTS: „Die Erfahrungen in Natur und Geschichte sind zu zweideutig, um aus ihnen den Willen Gottes ableiten zu wollen." DETMER, Gott in Jesus Christus mit den Menschen, 1997, 71.

33 Vgl. JOEST, Dogmatik, Bd. II, 1993, 396: „Was Gott gebietet, ist also nichts schlechthin Fremdes; [...] Dennoch kann man nicht sagen: Gottes Gesetz ist schon im Gewissen und Rechtsbewußtsein des Menschen offenbar, auch ohne Gottes Wort. Spricht Paulus von der Erkenntnis der Sünde durch das Gesetz, so ist ja das Urteil gemeint, durch das *jeder* Mensch getroffen wird, und durch das nicht nur diese oder jene Tat, sondern der *ganze* Mensch getroffen wird."

liche Leben ordnende Instanz aus. Diesem *usus legis* entspricht die Fokussierung auf die Taten und ihre Wirkungen für privates und gesellschaftliches Leben.[34]

Der *usus theologicus* ist jedoch nicht so sehr auf die Taten fixiert, sondern zielt auf das verkehrte Sein der Person ab, das durch die offenkundige Gesetzeswidrigkeit der Taten manifest wird. Hier, in diesem letzteren *usus legis*, liegt auch der tiefere Aussagegehalt des Gesetzes über den Menschen verborgen. Hierdurch wird es dem Menschen ermöglicht, seine Sünde in der personalen Tiefe und Radikalität erkennen zu können.[35]

Wie ist es aber vorstellbar, dass der Mensch diesen Gebrauch des Gesetzes aus einem Gewissenskonflikt in dieser personalen Tiefe begreifen kann? Denn der Mensch neigt eher dazu, Ausflüchte in der Situation persönlicher Überführung zu suchen und sich selbst zu entschuldigen, als das eigene Fehlverhalten klar beim Namen zu benennen. Dies scheint erst recht zuzutreffen, wenn es um die weite Dimension der eigenen Person geht. Darum bedarf es wohl mehr, als des *natürlichen* Gewissens, um sich dieser Tiefe des Aussagegehaltes des göttlichen Gesetzes gewahr zu werden und ihn annehmen zu können. Wo also wird der *usus theologicus legis* in aller Klarheit greif- und annehmbar?

JOEST begreift den Gesetzesanspruch Gottes an den Menschen christologisch. Das Gesetz in all seiner Tiefe tritt für ihn erst mit Jesus Christus in Erscheinung.[36] Somit ist der Aussagegehalt des Gesetzesanspruchs Gottes in der Person Jesu zu verorten. Diese Verortung setzt nun aber bereits Offenbarungsgehalte voraus, wie etwa die Identität Christi mit dem Anspruch Gottes an den Menschen, die für das Geschehen einer „kritischen Begegnung mit ihm" unabdingbar ist.

Das heißt, dass nach JOEST eine tiefgreifende Sündenerkenntnis ohne Offenbarung und außerhalb der Begegnung mit Jesus Christus als dem personifizierten Anspruch Gottes nicht denkbar ist. JOESTS christologische Zentrierung des Anspruchs Gottes spricht also gegen eine *zulängliche* Sündenerkenntnis im Rahmen des Menschenmöglichen. Dabei geht er zwar über die Offenbarungskondition mit

---

34 Vgl. LOHSE, Luthers Theologie, 1995, 288: „Durch den politischen Brauch des Gesetzes soll die äußere Ordnung auf Erden aufrechterhalten werden und der Friede sowie die Rechtssicherheit gewahrt werden."

35 Vgl. a.a.O., 289: „Der 'theologische' Brauch ist die eigentliche Aufgabe des Gesetzes; er ist gewissermaßen das Gesetz in seinem geistlichen Sinn. Dieser Brauch dient dazu, dem Menschen seine Sünde aufzuzeigen, ihn also der Sünde zu 'überführen'; daher wird hier oft auch von dem 'überführenden Brauch des Gesetzes' gesprochen."

36 JOEST, Dogmatik, Bd. II, 1993, 397: „In der kritischen Begegnung mit ihm, an dem Gegensatz unseres Lebens zu seinem Leben werden wir uns in unserem Widerspruch zu dem Gotteswillen erkennbar."

dem Begriff des „anonymen Wirkens" Gottes für die Erklärung der heidnischen Tugenden hinaus, jedoch ohne einen Bezug zu einer hierdurch eventuell vorstellbaren Option einer offenbarungslosen Sündenerkenntnis herzustellen.[37] Denn ob nun eine Tat und eine Motivation dem Gesetz Gottes entspricht oder nicht, die partielle Übereinstimmung bzw. Korrekturbedürftigkeit menschlichen Rechts*bewusstseins* im Hinblick auf den Anspruch Gottes ist laut Joest erst durch die Offenbarung erkennbar, in der die Identität Christi mit dem Anspruch Gottes an den Menschen dargelegt ist.[38] Dies trifft ebenfalls auf die subjektive Annehmbarkeit des göttlichen Anspruchs zu, wobei es hier um die Erkenntnis der Identität Christi mit dem Zuspruch Gottes geht.

Jüngel hingegen gelangt in seiner Reflexion über die Frage nach der Erkenntnismöglichkeit der Sünde sogar zur Annahme einer Unmöglichkeit des Menschen seine eigene Sünde ohne das Evangelium erkennen zu können.[39] Gegen eine theologische Abkapselung des Gesetzes von der Verkündigung der Rechtfertigung des Sünders, wodurch Erkenntnis der Sünden bewirkt werden soll, und das Gesetz damit als *praeparatio* des Evangeliums in Erscheinung tritt, betont er, dass die Erkenntnis der Sünde nicht schon allein aus dem Gesetz – damit auch erst Recht nicht aus dem Gewissen – kommen könne, sondern dem Sünder erst durch das Evangelium von der Vergebung seiner Sünde her ermöglicht würde.[40]

Jüngel versteht das Wort Gottes als wahrmachendes Wort, das den Sünder in seiner Identität als Sünder wahr macht und ihm in der Zusicherung der Vergebung die Freiheit zum Bekenntnis seiner eigenen Sünde gewährt.[41] Hiermit ist

---

37 Die Ausführungen Joests sind etwas schwer zugänglich. Zum einen geht er von Christus als dem Erkenntnisgrund von Sünde aus, zum anderen hält er jedoch eine Ahnung des Schuldigseins 'vor Unbekannt' auch ohne Offenbarung für möglich. Vgl. a.a.O., 417. Hier müsste das Verhältnis von anonymem und offenbarem Wirken Gottes bezüglich der Sündenerkenntnis geklärt werden. Vermutlich geht es Joest um die Eindeutigkeit der Sündenerkenntnis, die nur durch die Offenbarung vermittelt werden kann. Vgl. hierzu auch die Kritik Detmers: „Die Besinnung auf einen allgemeinen Sollensanspruch, der dem Menschen auch außerhalb der Begegnung mit der Verkündigung Jesu bewusst wird, fehlt bei Joest." Detmer, Gott in Jesus Christus mit den Menschen, 1997, 80.

38 Vgl. Anm. 31 und 35 der vorliegenden Arbeit.

39 Wenngleich er die zweifelhafte theologische Billigung seiner These einräumt. Vgl. Jüngel, Das Evangelium von der Rechtfertigung, 2006, 81: „Mit der Thematisierung der Sünde und des Bösen innerhalb der Rechtfertigungslehre ist *drittens* noch eine weitere Vorentscheidung gefallen, die allerdings keineswegs ohne weiteres theologisch konsensfähig ist. Diese Vorentscheidung besagt, daß das Böse und die Sünde *nicht ohne das Evangelium erkennbar* sind."

40 A.a.O., 35: „Die Logik der Rechtfertigungslehre verlangt […], die Sünde als bereits überwundene zu erkennen. Nur so kann sie überhaupt als Sünde angemessen begriffen werden."

41 Das Gewissen des Menschen hingegen ist nicht ausreichend gut und böse zu erkennen, sondern nur den Widerspruch oder die Übereinstimmung der Person mit einer an ihn herangetragenen Norm. „Das Gewissen ist immer auf ein 'externes Wort angewiesen, da es nur in dem Maße, wie es angesprochen ist, zum Reden kommt (widersprechend oder einstimmend)' (*G. Ebeling*,

m.E. ein äußerst wichtiger Zusammenhang angesprochen, der für die Beantwortung der Frage nach der Erkenntnismöglichkeit der Sünde unumgänglich ist. Dieser Zusammenhang meint die enge Korrelation von Freiheit und Wahrheit und der faktischen Unfähigkeit des Menschen, in dieser Wahrheit zu leben, und zwar aufgrund seiner Unfreiheit.[42]

IV.1. Kritisches Resümee

Während nun also JÜNGEL von einer totalen Unfähigkeit des Menschen, seine eigene Sünde ohne die Offenbarung des Wortes Gottes im Evangelium erkennen zu können, spricht, betont PANNENBERG die Annahme einer partiellen Erkenntnismöglichkeit eines Sachverhaltes, der mit dem theologischen Begriff der Sünde angesprochen ist, auch ohne Offenbarungskondition.

Diese Vorstellung versucht PANNENBERG anhand der erkennbaren Widersprüchlichkeit in der Konsistenz menschlichen Lebensvollzugs nachzuweisen, insofern der Mensch auch ohne Offenbarung sich selbst als ein Wesen wahrnehmen könne, das seiner wesenhaften exzentrischen Bestimmung nicht entspräche. Dennoch räumt er ein, dass diese Widersprüchlichkeit erst im Lichte der Offenbarung als Sünde gegen Gott identifizierbar sei.[43] D.h., dass im Grunde auch PANNENBERG eine Offenbarung voraussetzt, wenn es um die Erkenntnis der eigenen Widersprüchlichkeit im Lebensvollzug als Sünde im Gottesverhältnis geht.

Ähnliches gilt auch für JOEST. Er versteht die natürliche Erkenntnisfähigkeit, aus der heraus das menschliche Rechtsbewusstsein kommt, dem eine partielle Übereinstimmung mit dem göttlichen Anspruch attestiert werden kann, als Indiz für ein „Wirken der erhaltenden Treue Gottes zu seiner Schöpfung"[44].

Sofern dieses Wirken Gottes außerhalb der Begegnung mit Jesus Christus und dem in ihm personifizierten Zu- und Anspruch Gottes stattfindet, also den An-

---

Das Gewissen in Luthers Verständnis, in: *ders*., Lutherstudien, Bd. 3, 108–125, 111)." A.a.O., 194, Anm. 185

42 Diese Unfreiheit besteht für JÜNGEL in der widersprüchlichen Selbstnötigung des Menschen, sein eigenes Dasein in der Hand haben zu wollen, was ihn letztlich in die – wie noch zu zeigen sein wird – von vornherein unmögliche – Alleinherrschaft über sein Leben drängt, mit der Konsequenz der totalen Vereinsamung und des Todes. Widersprüchlich ist diese Selbstnötigung, da sie als Ziel die absolute Emanzipation und Selbstbehauptung als Garantie für das eigene Dasein intendiert, jedoch zugleich in dieser Intention die Bewahrung seines Daseins aus der logischen inneren Struktur seiner Motivation heraus negiert. „Der Sünder will wie Gott leben. Aber er will gerade nicht, was er damit zugleich muß: nämlich sterben." A.a.O., 113. Aus dieser Unfreiheit wird der Mensch nicht durch Anspruch, sondern durch Zuspruch Gottes befreit, so dass bei Sündenerkenntnis von *Nach*vollziehen und *Nach*denken gesprochen werden muss.

43 Vgl. Anm. 23 in der vorliegenden Arbeit.

44 JOEST, Dogmatik, Bd. II, 1993, 396.

schein einer zwar gottgewirkten, doch ohne *bewusstes* Erlebnis einer Offenbarung gesetzeskonformen Handlung hat, müsste laut JOEST von der Annahme eines *anonymen* Wirkens Gottes ausgegangen werden.[45] Und in diesem Wirken ist selbstverständlich kein anderer Gott vorstellbar als eben derjenige, der sich durch Jesus Christus dem Menschen mit seinem An- und Zuspruch geoffenbart hat.

So löst auch JOEST sich nicht von der Vorstellung einer prinzipiellen Abhängigkeit der Gesetzes- und Sündenerkenntnismöglichkeit des Menschen von Gottes initiativem Wirken, wohl aber von der Vorstellung einer für Gesetzesbefolgung notwendig *bewussten* Begegnung mit der Offenbarung Gottes in Jesus Christus. Hier besteht kein wirklicher Widerspruch zum Versuch PANNENBERGS das Wesen der Sünde als einen nicht-theologischen Sachverhalt anthropologisch zu beschreiben. Jedoch formuliert PANNENBERG die Möglichkeit außerchristlicher Erkenntnis eines Sachverhalts, der mit dem theologischen Begriff der Sünde konvergieren soll, sehr detailliert aus, so dass hier eine Anknüpfungsmöglichkeit für christliche Rede von der Sünde besteht. JOEST hingegen bleibt eine entsprechende Ausformulierung schuldig.[46]

Dennoch lässt sich dies wohl daraus erklären, dass JOEST an einer außerchristlichen Sündenerkenntnis aufgrund ihrer Unvollkommenheit nicht weiter interessiert ist. Es geht ihm vielmehr um die größtmögliche Tiefe menschlicher Sündenerkenntnis, die allein im Gottesverhältnis sichtbar wird. Während also PANNENBERG die Erkenntnismöglichkeit von menschlicher Sünde als Störung im Gottesverhältnis zuerst nicht ins Auge fasst, nimmt JOEST genau umgekehrt zunächst gerade diese zum Ausgangspunkt seiner Ausführungen. Dementsprechend muss

---

45 Die Vorstellung eines anonymen Wirkens Gottes lässt Affinitäten zu Karl Rahners Idee vom anonymen Christentum erkennen. Ich weise hier aus Platzgründen für einen forschungsgeschichtlichen Einblick auf den Aufsatz von Nikolaus Schwerdtfeger hin: „Der 'anonyme Christ' in der Theologie Karl Rahners" in: Theologie aus Erfahrung der Gnade. Annäherung an Karl Rahner, hrsg. v. Mariano DELGADO/Matthias LUTZ-BACHMANN, Berlin, 1994, 72–94.

46 Vgl. auch DETMERS Kritik an JOESTS offenbarungstheologischem Ansatz der exklusiv christologischen Erkenntnismöglichkeit sittlichen Handelns. Demnach unterließe es JOEST „leider, die Möglichkeit zur Erkenntnis der sittlichen Beanspruchung auch außerhalb der Begegnung mit Jesus Christus genauer zu untersuchen. Dadurch begibt er sich der Möglichkeit, hier einen Anknüpfungspunkt für die christliche Botschaft zu finden." DETMER, Gott in Jesus Christus mit den Menschen, 1997, 77. Das Desiderat einer genaueren Untersuchung der Frage nach der Erkennbarkeit des sittlichen Anspruchs außerhalb der bewussten Begegnung mit Christus stellt ein Defizit dar. Vgl. LÖNNINGS Zitation PANNENBERGS zu den Kriterien der Nicht-Bewährung theologischer Hypothesen: „'Als nicht bewährt zu beurteilen sind Aussagen, […] die nicht zur Integration des zugeordneten Erfahrungsbereichs tauglich sind oder solche Integration gar nicht versucht wird'." LÖNNING, Zur Denkbarkeit Gottes – ein Gespräch mit Wolfhart Pannenberg und Eberhard Jüngel, in: Studia Theologica, ed. by J. Jervell/A.S. Kapelrud, Vol. 34, 1980, 39–72, 45.

der Sündenbegriff in den diversen Erscheinungsformen der drei Verhältnisbestimmungen menschlichen Daseins differenziert betrachtet werden, um dessen Erkenntnismöglichkeit adäquat beschreiben zu können.

Es scheint prinzipiell im Gottesverhältnis die Unkündbarkeit einer Offenbarungskondition für die Sündenerkenntnis des Menschen vorzuliegen. Zudem ist die Unvollkommenheit – oder mit JOEST gesprochen, die Zweideutigkeit – einer Analyse des Sachverhaltes, der mit dem theologischen Begriff der Sünde konvergieren soll, im Welt- und Selbstverhältnis des Menschen festzuhalten.

Schließlich ist festzuhalten, dass JÜNGEL die Funktion des Gesetzes zwar als eine die Sündenerkenntnis befördernde Kraft, doch in der Erkenntnis der Gesetzesforderung nicht die Bedingung für die Einsicht in die Notwendigkeit des Evangeliums sieht. Die Möglichkeit zur Sündenerkenntnis ist für ihn ja erst da gegeben, wo Sünde überwunden ist. D.h., dass der Mensch schon vor seiner Sündenerkenntnis, die durch das Gesetz befördert wird, die Überwindung seiner Sünde erfahren haben muss. Nur dadurch wird er frei von seiner Lebenslüge.[47] Das Evangelium von der Rechtfertigung des Menschen allein aus Glauben ist somit die Voraussetzung für Sündenerkenntnis, nicht ein sittlicher Anspruch, der auch ohne das Evangelium gedacht werden könnte.

Bei PANNENBERG wird implizit von einer allgemeinen sittlichen Verpflichtung menschlichen Daseins ausgegangen, die auch als solche erkennbar ist, ohne das Ereignis des Evangeliums von der *Vergebung* etwaiger Verfehlungen gegen diese Verpflichtung. DETMER spricht in diesem Zusammenhang von der Relevanz einer allgemein erfahrbaren Konfrontation mit dem unerfüllten Anspruch dieser sittlichen Verpflichtung des Menschen bezüglich der Rede vom Evangelium als *Befreiung* und kann sich hierbei etwa auf Gerhard EBELING berufen.[48]

Hier, in der Bewertung dieser Relevanz einer allgemein erfahrbaren Konfrontation mit dem unerfüllten Anspruch sittlicher Verpflichtung ist demnach die Differenz in den erörterten Reflexionen zur Frage nach der Erkenntnismöglichkeit der Sünde evident. PANNENBERGS gesamtes Konzept einer nicht-theologischen Sün-

---

47 Zum Begriff der Sünde als Lebenslüge siehe die Ausführungen zur hamartiologischen Konzeption JÜNGELS in Kapitel V.4. der vorliegenden Arbeit.
48 Vgl. DETMER, Gott in Jesus Christus mit den Menschen, 1997, 76: „Das Evangelium kann nur dann in seiner vollen Bedeutung als befreiendes Wort Gottes verstanden werden, wenn der Mensch sich bereits immer mit dem sittlichen Anspruch des Gesetzes und seinem Versagen vor diesem Anspruch konfrontiert sieht." Siehe auch ebd., Anm. 178: „Erst vor dem Hintergrund des für alle Menschen prinzipiell erkennbaren Gesetzes wird verständlich, warum die Menschen der Gemeinschaftszusage Gottes im Evangelium bedürfen".

denbeschreibung baut letztlich auf der Prämisse auf, dass der Anspruch Gottes seinen Anknüpfungspunkt in einer allgemein erfahrbaren und als solcher erkennbaren Fehlstruktur im Welt- und Selbstverhältnis des Menschen findet.

Bei Joest war der Erkenntnisort der Sünde in dem Anspruch Gottes gegeben, wie er sich als Gemeinschaftswille in Jesus Christus gezeigt hat. Sünde wird hier als Widerspruch zu diesem Gemeinschaftswillen begriffen. Die Überwindung dieses Widerspruchs und damit auch die Erfüllung des Anspruchs liegt jedoch nach Joest in der Zusage Gottes begründet, der Anspruch selbst wird in seiner tiefgreifenden Gestalt auch erst durch die Überwindung erkennbar. Jüngel geht also nicht über Joest hinaus, wenn er die Erkennbarkeit der Sünde nicht am Anspruch Gottes ermöglicht sieht, sondern in der Zusage von der Überwindung der Sünde.[49]

IV.2. Eigene Einschätzung

M.E. liegt die Schwierigkeit, die sich im Hinblick auf die Frage nach einer Erkenntnismöglichkeit von Sünde ohne Offenbarung ergibt, in der verwendeten Begrifflichkeit. Denn wenn von Erkenntnis gesprochen wird, dann ist immer schon ein Erkenntnisgrund, eine analytische Voraussetzung mitgedacht. Und je nach dem, welche Erkenntnisbasis gewählt wird, um die Analyse eines Phänomens betrachten zu können, ergeben sich entsprechende *Forderungen* für den weiteren Verlauf der Betrachtung.

So ist eigentlich ohne Schwierigkeiten einsehbar, warum es bei dem Begriff der Sünde um eine Erfahrung geht, die eine Gottesbeziehung unweigerlich mit in die Betrachtung einholt. Denn dem Begriff ist aus geistesgeschichtlicher Perspektive eine unabänderlich religiöse Konnotation zu eigen.[50] Wer also von Sünde spricht, der assoziiert auch immer schon einen Gottesbezug mit diesem Begriff, gleich ob dieser Gottesbezug angemessen erscheinen mag oder auch nicht. Eine nicht-religiöse Betrachtung der Erfahrung, die hinter dem Begriff der Sünde steht, wird deshalb immer wieder notgedrungen auf irgendeine Form des Gottesbezugs menschlichen Daseins kommen müssen. Ansonsten ist eine solche Betrachtung unvollkommen bzw. behandelt nicht wirklich das Thema „Sünde".

Dies führt zum nächsten erschwerenden Sachverhalt in der Frage nach ei-

---

49 Allerdings werden die Differenzen zu Detmers Bewertung der Relevanz einer Erkenntnis des Anspruchs für die Qualifikation des Evangeliums als Befreiung deutlich.
50 Auch wenn einzelne Profanisierungen auf den fortschreitenden Verlust dieser Einsicht in der modernen Gesellschaft hinweisen könnten.

ner Erkenntnismöglichkeit von Sünde ohne Offenbarung. Unsere Erkenntnis ist Stückwerk.[51] D.h., dass auch die Sünde des Menschen als ein Element seiner Wirklichkeit verschiedene analytische Tiefen besitzt, die eines je entsprechend tieferen Erkenntnisgrundes bedürfen.[52]

Eine Tat als sittlich falsch zu identifizieren, vermag auch derjenige, der den sittlichen Anspruch gesellschaftlich geltender Normen bejaht. Die Identifikation dieser Unsittlichkeit mit einem Widerspruch gegen den sittlichen Anspruch Gottes ist jedoch nur durch das Wort Gottes möglich. Für die Erkenntnis der Motivation des Sündigens als Indiz für ein verkehrtes Sein des Menschen kann mit PANNENBERGS Beschreibung des menschlichen Wesens als eines mit sich selbst im Widerspruch lebenden Wesens eine tiefere Dimension des Sündenbegriffs eröffnet werden. Doch während die sündhafte Tat als Konkretion des Weltverhältnisses des Menschen und die sündhafte Motivation als Konkretion seines Selbstverhältnisses ohne Offenbarung ins Bewusstsein des Menschen als Defizit gelangen können, werden diese defizitären Erfahrungen doch erst durch die Offenbarung Gottes als desjenigen, der sich in Jesus Christus mit allen Menschen identifiziert, als Fehlverhalten gegenüber diesem Gott nachvollziehbar.

So gelangt derselbe Sachverhalt, der im Welt- und Selbstverhältnis des Menschen durch *natürliche* Anlagen – nicht-theologisch – als Defizit wohl identifizierbar ist, als Störung des Gottesverhältnisses erst durch den Glauben an die Inkarnation Gottes ins Bewusstsein des Menschen.

Zuletzt ist daher als konsensfähige Aussage über die Erkenntnismöglichkeit der Sünde zu betonen, dass die Sünde in der größtmöglichen Erkenntnistiefe erst *coram deo* zu verifizieren ist. Alle widersprüchlichen Strukturen menschlichen Daseins werden erst durch ihren Bezug auf das Gottesverhältnis als Sünde vor dem Gott der Bibel identifizierbar und erhalten erst dadurch ihren wahren – aber nicht einzigen – Sitz im Leben.

---

51 Vgl. 1.Kor 13,9.
52 Die ganze Tiefe der Sünde bleibt letztlich selbst dem Christen verborgen. Diese Einsicht vertrat bereits Luther, wenn er von der Ewigkeit des Sündenübels sprach. Vgl. LOHSE, Luthers Theologie, 1994, 265: „Das Übel der Sünde hat kein Mensch jemals in seiner Tiefe erforschen oder begreifen können, da es unbegrenzt und ewig ist." Vgl. auch JÜNGELS Überlegung zur Potenzierung der Sünde bei Christen: JÜNGEL, Das Evangelium von der Rechtfertigung, 2006, 115f.

V. Neue Perspektiven auf die innere Struktur der Sünde

Unglaube, Hochmut und Konkupiszenz nach Tillich, Pannenberg, Joest und Jüngel

Während es in den vorangegangenen Kapiteln um die Ursünde und die Frage nach deren Erkenntnismöglichkeit ging, sollen nun die einzelnen Konstruktionen von der Ursünde unter den drei traditionellen Leitbegriffen des *Unglaubens*, des *Hochmuts* und der *Konkupiszenz* einer näheren Betrachtung unterzogen werden. In diesen drei Begriffen wird die Sünde je für eine Verhältnisbestimmung entsprechend sprachlich ausgedrückt.[53] In der Dogmatik wird immer wieder auf diese drei grundlegenden Verhältnisbestimmungen des Menschen, sein Gottes-, Selbst- und Weltverhältnis, in denen sich die Sünde vollzieht, eingegangen.

In seinem Gottesverhältnis vollzieht Sünde sich als Unglaube, im Selbstverhältnis als Hochmut und in seinem Verhältnis zu seiner Umwelt als Konkupiszenz.[54] Auch wenn sich sicherlich Überschneidungen in den einzelnen Zuordnungen ergeben können und letztlich alle Sünde ihren Ausgang im Gottesverhältnis nimmt, so scheint mir diese Beobachtung dennoch eine geeignete methodische *Passform* zu sein, anhand der die einzelnen Akzentuierungen und Parallelen der Theologen untereinander und zur Tradition klarer hervortreten können.

---

53 Biblischer Ausgangspunkt für den Begriff der Konkupiszenz ist vor allem die paulinische Rede aus Röm 7,7, dass die Sünde das Gesetz zum Anlass nahm, um in ihm vielerlei Begierden zu erzeugen. Dieser Vers wurde insbesondere von Augustin als Grundlage für seine Lehre von der Sünde gewählt. In seiner Darlegung zur Erbsünde des Menschen stellte er daher die Konkupiszenz als den Teil der sündigen Natur des Menschen dar, den jeder Mensch nach Adam geerbt habe, so dass jeder Mensch in der Konkupiszenz die Verkehrung seines Willens erfahre. In der Konkupiszenz wirkt allerdings für Augustin der Hochmut des verkehrten menschlichen Willens und der *amor sui*, also die übersteigerte Selbstliebe, so dass man von einem Primat des Hochmuts und des *amor sui* vor der Konkupiszenz in der augustinischen Auffassung vom Sündengeschehen sprechen könnte. Der Begriff des Unglaubens als traditionelle Gestalt der Sünde im Gottesverhältnis erhielt seine für die Diskussion bedeutsame Form in der reformatorischen Theologie. So nennt bspw. Härle den Wortlaut reformatorischen Bekenntnisses: „cum peccato, hoc est, sine metu dei, sine fiducia erga Deum et cum concupiscentia". BSLK 53,3-9, in: Härle, Dogmatik, 2007, 461.

54 Gegen eine Zuordnung der Konkupiszenz in das Weltverhältnis des Menschen könnte der Einwand erhoben werden, dass sich das schlechte Begehren nicht nur und auch nicht vor allem an den weltlichen Gütern orientieren würde, sondern zunächst und vor allem an Gott und somit ins Gottesverhältnis gesetzt werden müsste. Jedoch handelt es sich bei dieser Orientierung der Konkupiszenz an Gott nicht um eine tatsächliche Ausrichtung auf bzw. gegen Gott, sondern auf das verhältniswidrig verdinglichte Sein Gottes, seine Gottheit. Darum, aufgrund dieser Verdinglichung Gottes, wird Gott in der Ausrichtung der Konkupiszenz zum Weltgut gewissermaßen degradiert. Vgl. auch Pannenberg, Anthropologie, 2011, 83: „Für die klassische christliche Theologie stellte sich die Verkehrung des menschlichen Weltverhältnisses in der Begehrlichkeit (*cupiditas* oder *concupiscentia*) dar."

V.1. Tillichs Darstellung der existentiellen Entfremdung des Menschen

TILLICH analysiert in seiner Systematischen Theologie die Wirklichkeit Gottes und des Menschen unter dem methodischen Leitbegriff der Korrelation zwischen existentieller Frage menschlichen Daseins und diesbezüglicher theologischer Antwort.[55] Das biblische Zeugnis ist hierbei ein Fundus von religiösen Symbolen, die hermeneutisch entschlüsselt werden müssen, um Aufschluss über die Wirklichkeit geben zu können. Unglaube, Hochmut und Konkupiszenz werden dabei als Merkmale der existentiellen Entfremdung des Menschen beschrieben.[56]

Die Existenz ist hierbei zunächst als ein „Herausstehen" aus dem Nichtsein auf zwei Weisen zu verstehen. Zum einen ist die Existenz des Menschen als ein Herausstehen aus dem bloßen Nichtsein zu begreifen, aus dem er durch die Schöpfung herausgerufen wurde, wohin er jedoch am Ende seiner Existenz wieder zurückkehrt. TILLICH spricht in diesem Zusammenhang auch von dem menschlichen Dasein als einer „Einheit von Sein und Nichtsein".[57] Zum anderen ist Existenz aber auch im Unterschied zu allem möglichen Sein, dem potentiellen Sein, definiert. Mit dieser Definition fasst TILLICH die Schöpfung Gottes, wie sie in der Urgeschichte der Bibel dargestellt ist, als einen Ausdruck der potentiellen Vollkommenheit des Geschöpfes auf, worin auch sein essentielles, d.h. sein wesenhaf-

---

55 Um die Möglichkeit einer adäquaten Vermittlung von Anliegen der natürlichen Theologie und der Offenbarungstheologie aufzuzeigen, wählt TILLICH seine hermeneutische Methode der Korrelation, in der sowohl die Eigenständigkeit als auch die Beziehung von existentieller Frage und theologischer Antwort zu ihrem Recht kommen sollen. Vgl. TILLICH, Systematische Theologie, Bd. I, 1987, 80: „Die Methode der Korrelation löst dieses historische und systematische Rätsel, indem sie die natürliche Theologie auf die Existenzanalyse beschränkt und die supranaturalistische Theologie auf die Antworten, die auf die existentiellen Fragen gegeben werden."

56 Auch wenn die Kritik an TILLICHs hermeneutischem Ansatz nicht eigens zum Thema dieser Arbeit gemacht werden soll, so sei hier doch zumindest auf die Diskussion zur Symboltheorie hingewiesen. Diese Diskussion setzt an der prinzipiellen Annahme TILLICHs von Gott als dem schlechthin Seienden an. Durch die menschliche Entfremdung von diesem Sein resultiere, dass nur durch die Vermittlung von Symbolen die transzendente Wirklichkeit Gottes zu erkennen sei. Doch hierbei ist die Frage nach dem *Wahrheitsgrund* für die von TILLICH angenommene Selbsttranszendenz der Symbole zu stellen. Vgl. hierzu etwa MUGERAUER, Symboltheorie und Religionskritik, 2003, 57: „Tillich sagt, daß Symbole sich selbst transzendieren. Doch es stellt sich die Frage, *woraufhin* die Symbole transzendieren, wie diese transzendente Symbolwirklichkeit aufzufassen ist. Die Kombination von phänomenologischer und ontologischer Analyse der Existenz leitet Tillich nur zu sehr abstrakten Antworten […] bis hin zur abstraktesten Aussage überhaupt (die Symbolbedeutung ist das Sein-Selbst)." Doch nennt TILLICH m.E. als Wahrheitskriterium gerade etwas sehr Konkretes, nämlich das Kreuz Christi. Vgl. RÖSSLER, „Was uns unbedingt angeht", 2012, 27–66, 45: „Das Wahrheitskriterium für das christliche Verständnis Gottes ist nach Tillich das Zentralsymbol von Jesus […] als dem Träger des 'Neuen Seins', und schließlich, in äußerster Zuspitzung, das 'Kreuz des Christus'." Das religiöse Symbol weist auf die existentielle Tiefe im Menschen als endliches Wesen hin und die Auferstehung Jesu gibt darauf erlösende Antwort.

57 Vgl. TILLICH, Systematische Theologie, Bd. II, 1979, 27.

tes Sein zusammengefasst ist. Es handelt sich nach TILLICH beim Schöpfungsbericht nicht um eine Narration historischer Erinnerungen an einen vollkommenen
Urzustand des Menschen, in welchem er in Einheit mit der potentiellen Schöpfer-
güte Gottes tatsächlich gelebt hat, sondern vielmehr um ein in die Vergangenheit
projiziertes transhistorisches Phänomen menschlicher Erfahrung der Unvollkommenheit, wodurch Existenz als Entfremdung von essentiellem Sein faktisch nega-
tiv qualifiziert ist.[58]

So tritt zunächst die Essenz menschlichen Daseins, im Sinne der Bestimmung menschlichen Lebens, im *Gewand* der Potentialität in das Bewusstsein. Die
potentielle Wirklichkeit einer erfüllten Bestimmung menschlichen Lebens wird
bei der Entdeckung des der Essenz impliziten Imperativs bezüglich der vorfindli-
chen Lebenssituation als geschuldete, unerfüllte Bestimmung erfahren.[59] Die
Distanz vom essentiellen Sein und der erfahrenen Unvollkommenheit menschlichen Daseins wird dadurch als schuldhafte Erfahrung herausgestellt, die im Sinne
eines Entzugs der wesenhaften Identität als existentielle Entfremdung von der eigenen Bestimmung erlitten wird.[60] Nun ist zu fragen, wie die traditionellen Begriffe Unglaube, Hochmut und Konkupiszenz unter dem Leitmotiv der existentiellen Entfremdung des Menschen zu verstehen sind.

Die reformatorische Deutung des Unglaubens stellt nach TILLICH einen Akt
des Menschen dar, der dessen ganze Person umfasst.[61] Darin stimmt sie mit der
bereits dargestellten Vorstellung überein, nach der die Sünde des Menschen
bereits in seinem Sein zu eruieren ist und nicht erst durch eine Tat erzeugt wird.
Der Unglaube äußert sich nun aus reformatorischer Sicht sowohl in einer totalen
Abkehr von Gott als auch in einer Hinkehr zum Selbst. TILLICH übernimmt dieses
Ausgangsaxiom für seine Betrachtung des Unglaubens. So würde durch jene Ab-

---

58 Vgl. a.a.O., 40: „Im Mythos und im Dogma ist die essentielle Natur des Menschen in die
   Vergangenheit projiziert. [...] In psychologischen Begriffen kann man den essentiellen Zustand
   als 'träumende Unschuld' bezeichnen. [...] Sie hat keine Zeit, sie geht der Zeitlichkeit voraus,
   sie ist übergeschichtlich."
59 Vgl. LUSCHER, Arbeit am Symbol, 2008, 43f: „Analysiert der Mensch [...] seine Grundbefind-
   lichkeit, dann entdeckt er seine Endlichkeit, seine Bedrohtheit und Entfremdung. [...] *Essenz*
   steht für das wahre Wesen, so wie der Mensch sein sollte, sein erfülltes Leben. *Existenz* bzw.
   existentielle Situation bedeutet dann den Zustand des Gespaltenseins, die unvollkommene und
   verzerrte Erscheinungsweise des Menschen."
60 Vgl. TILLICH, Systematische Theologie, Bd. II, 1979, 53: „Der Mensch als ein Existierender ist
   nicht, was er essentiell ist und darum sein sollte. Er ist von seinem wahren Sein entfremdet.
   Die Tiefe des Begriffs 'Entfremdung' liegt darin, dass man essentiell zu dem gehört, wovon
   man entfremdet ist."
61 Vgl. a.a.O., 55: „Unglaube ist, [...] wie auch der Glaube, ein Akt der ganzen Person, der
   praktische, theoretische und emotionale Elemente einschließt."

kehr des Menschen von Gott die Erkenntniseinheit mit Gott zerrissen und der Mensch verlöre die Orientierung, woraufhin er sich der Welt und sich selbst zuwende.[62] Unglaube bedeute zudem Trennung von menschlichem und göttlichem Willen und eine Abwendung von der „Seligkeit des göttlichen Lebens"[63] hin zur Lust des gottfernen Lebens.

Für eine nähere Erörterung der existentiellen Entfremdung des Menschen in Form des Unglaubens bedeutet dies, dass Unglaube als eine „Zerreißung der essentiellen Einheit mit Gott" verstanden werden muss, die für TILLICH den Charakter der Sünde schlechthin ausmacht.[64] Hieraus lässt sich nun auch positiv die Bestimmung oder die Essenz des menschlichen Daseins als Erkenntnis- und Willenseinheit mit Gott auffassen.

Hybris oder Hochmut ist der zweite traditionelle Begriff, den Tillich als ein Merkmal der existentiellen Entfremdung des Menschen neu auszuformulieren versucht. Hierzu definiert er zunächst die Voraussetzung, die allein das Wesen des Menschen als Ebenbild Gottes mit sich bringe und benötige, um sich seiner selbst zu bemächtigen: Selbstbewusstsein.[65] Die vollkommene Selbstzentriertheit des Menschen, mit deren Möglichkeiten er es vermag, das Zentrum seines Seins von Gott auf sich selbst zu ziehen, befähigt den Menschen zur Hybris. Hier liegt laut TILLICH sowohl Größe als auch Versuchung des Menschen verborgen. Da er sich nämlich seiner selbst als endlichem Wesen bewusst, jedoch zugleich auch in seiner geschöpflichen Freiheit seiner potentiellen Unendlichkeit gewahr würde, schwebe er stets in der Gefahr, seine geschöpfliche Endlichkeit zu missachten.[66]

Demnach könne der Mensch aufgrund seiner Freiheit, die ihm einen weiten Raum von Möglichkeiten aufschließt, der Realität seines endlichen Daseins zumindest augenscheinlich trotzen. So fasst TILLICH als Definition der Hybris zusammen: „Hybris ist die Selbsterhebung des Menschen in die Sphäre des Gött-

---

62 Vgl. ebd.: „In seiner existentiellen Selbstverwirklichung wendet er sich seiner Welt und sich selbst zu und verliert seine essentielle Einheit mit dem Grunde von Selbst und Welt."
63 A.a.O., 56.
64 Ebd.
65 Selbstbewusstsein ist als eine Art geschöpfliche Komponente der Gottebenbildlichkeit humanen Wesens begriffen. Die Darstellung des Selbstbewusstseins als *geschöpfliche* Komponente der Gottebenbildlichkeit des Menschen stellt den Versuch dar, sich dem religiösen Begriff der Gottebenbildlichkeit auf nicht-theologische Weise zu nähern. Vgl. a.a.O., 57: „Diese strukturelle Zentriertheit verleiht dem Menschen seine Größe und Würde und macht ihn zum 'Ebenbild Gottes'."
66 Vgl. a.a.O., 58: „Wenn der Mensch die Situation, daß er von der Unendlichkeit der Götter ausgeschlossen ist, nicht anerkennt, verfällt er der hybris."

lichen."[67] Sobald der Mensch seine Endlichkeit nicht anerkennt, verfällt er dieser Selbsterhebung. Damit stellt der Hochmut neben dem Unglauben eine andere Seite der Abkehr des Menschen von Gott als seinem essentiellen Zentrum dar, welches er mit seiner eigenen Person besetzt.

Die geschöpfliche Bestimmung des Menschen als eines endlichen Wesens erfährt durch die angestrebte Errichtung einer geschöpflichen Autokratie über sein Dasein eine Erosion. Somit erzeugt die Zerreißung der Erkenntnis- und Willenseinheit mit Gott gewissermaßen eine Art *Vakuum in der Lebensausrichtung des Menschen*, das mit der eigenen Person neu gefüllt wird. Der Korruption des Gottesverhältnisses folgt daher bei TILLICH die Inadäquanz des Selbstverhältnisses des Menschen. Er verhält sich zu sich selbst so, wie er sich zu seinem Schöpfer verhalten müsste.[68]

Während es nun in TILLICHS Erörterungen zum Begriff der Hybris um eine Selbstinthronisation des Menschen geht, beschreibt die Konkupiszenz die Verderbtheit des Weltverhältnisses des Menschen. Mit der Konkupiszenz wird derjenige *Wunsch* beschrieben, mit dem der selbsterhöhte Mensch die weltlichen Güter an sich zieht und versucht, sie zu vereinnahmen und als Eigentum in seine Welt zu integrieren. Diesen Wunsch des Menschen nach Weltbesitz erklärt TILLICH aus der *Erfahrung der Armut*, die entstünde, da jeder Mensch sich als ein einzelner Teil der Welt vom Ganzen getrennt erführe, sich jedoch der essentiellen Einheit mit dem Ganzen durch seine essentielle Verbundenheit mit Gott gewahr sei.[69]

TILLICH bemerkt zudem mit Recht, dass die Konkupiszenz, wie leider oft in der Theologiegeschichte geschehen, nicht auf das sexuelle Empfinden reduziert werden dürfe, da sonst der weitaus größere Bedeutungsrahmen des Begriffs verloren ginge. Beispiele einer angemessenen Darstellung der Konkupiszenz könne man des Weiteren in der existentialistischen Literatur, der Kunst, der Philosophie und der Psychologie entdecken. So z.B. bei Kierkegaard in der Figur des allum-

---

67 Ebd.
68 Vgl. auch PANNENBERGS Rezeption TILLICHS in: PANNENBERG, Anthropologie, 2011, 138: „Diese Hybris entspricht dem augustinischen Begriff des *amor sui*. Die Hybris, in der der Mensch sich – abgelöst von Gott – zum Zentrum seiner Welt macht, hat zur Folge, daß er in Widerspruch mit sich selbst gerät, sofern sein eigenes Zentrum *essentiell* zum göttlichen Zentrum gehört (57). Der Versuch des Menschen, seine selbstzentrierte Existenz in sich selber zu gründen, [...], führt also zum Gegenteil des intendierten Erfolges, nämlich zum Verlust seiner selbst und zum Scheitern seiner Selbstintegration (70f.)."
69 Vgl. TILLICH, Systematische Theologie, Bd. II, 1979, 60: „Jeder einzelne hat, weil er geschieden ist vom Ganzen, den Wunsch, mit dem Ganzen wiedervereint zu werden. Seine 'Armut' läßt ihn nach Überfluß suchen."

fassenden Herrschers Nero als Musterbild der vollendeten Konkupiszenz, oder auch in der Figur des Faust bei Goethe, der es nicht um Macht oder Sexualität geht, sondern um ein grenzenloses Verlangen nach Erkenntnis. In beiden Figuren ließen sich Leere und Verzweiflung ersehen, die zuletzt den selbstzerstörerischen Charakter der Konkupiszenz vor Augen malen würden.[70] Im Folgenden gibt TILLICH eine Darstellung des Wesens der Konkupiszenz in Anlehnung an die Werke Freuds und Nietzsches. Diese Werke eigneten sich für eine rationale Beschreibung der Konkupiszenz unter den Begriffen der *libido* und des „Willens zur Macht", gleichwohl ihr ergänzungsbedürftiger existentieller Bezugsrahmen von ihren Urhebern nicht erkannt worden sei.[71]

Nach Freud sei demnach die *libido* in der Form grenzenloser Begierde diejenige Kraft, die das ganze menschliche Leben bestimme. Der Mensch sei gleichsam ein unentwegt Getriebener, der alle seine Handlungen auf das (nicht nur sexuell begriffene) Lustprinzip hinordne, woran er jedoch letztlich scheitere. Aufgrund dieser Erfolglosigkeit erläge er schließlich der Frustration und entwickle so eine Todessehnsucht, von der er sich das Ende seiner Qualen erhoffe. Denn laut Freud enthülle sich das Streben der *libido* nach Befriedigung aufgrund des immer wieder erneut einsetzenden Verlangens als ein Teufelskreis, der letztlich chronische Unzufriedenheit erzeuge. Freud spricht vom „Todestrieb" des Menschen.[72]

Theologisch lässt sich bei Freuds Ausführungen laut TILLICH ohne Weiteres von einer vernünftigen und realistischen Analyse der existentiellen Entfremdung des Menschen sprechen. Lediglich die Unterscheidung zwischen existentieller und essentieller Gestalt der *libido* fehlt in den Erörterungen Freuds. Hier wird deutlich, dass TILLICH von einer reinen, essentiellen Form der *libido* ausgeht, die er im Folgenden als durch ihre Begrenztheit am Anderen von der entfremdeten Form unterscheidet, die sich als unbegrenzte Begierde entfalte. Die *libido*, die sich nicht verbunden mit der Liebe am Nächsten begrenzt weiß, sondern diesen lediglich als Mittel zur eigenen Lustbefriedigung zulassen könne, würde als die von Freud beschriebene grenzenlose Begierde erfahren. Seiner essentiellen Natur gemäß je-

---

70 Vgl. a.a.O., 61.
71 Denn „beide sehen nicht den Gegensatz zwischen dem essentiellen und existentiellen Sein des Menschen, sie kennen ausschließlich seinen existentiellen Zustand und beschreiben ihn als Konkupiszenz, ohne irgendeine Bezugnahme auf den essentiellen *eros* des Menschen, der auf einen bestimmten Inhalt gerichtet ist." A.a.O., 62.
72 Vgl. ebd.: „Wenn er [Freud] von dem 'Todestrieb' spricht, beschreibt er den Wunsch, der Qual nie befriedigter Befriedigung der *libido* zu entgehen."

doch, erhalte die *libido* doch eine Begrenzung durch den eigentlich gewünschten Gegenstand bzw. durch die Person des Anderen, die um seiner selbst willen ersehnt werden soll.[73]

Die Darstellung Nietzsches vom „Willen zur Macht" ist analog zu den Einsichten Freuds als angemessene Beschreibung der existentiellen Entfremdung des Menschen zu verstehen, sobald diese Beschreibung der menschlichen Existenz von ihrer essentiellen Natur unterschieden würde. TILLICH versteht den Begriff des „Willens zur Macht" als „ein ontologisches Symbol für die natürliche Selbstbejahung des Menschen, insofern der Mensch an der Macht des Seins teilhat."[74] Die Entfremdung dieses ontologischen Symbols sei auch hier wieder durch die Loslösung von der Liebe (zu Gott) zu begreifen.

Somit erweisen sich sowohl das Konzept Freuds von der *libido* als treibende Kraft im Leben eines jeden Menschen als auch Nietzsches Gedanke vom „Willen zur Macht" lediglich in ihrer Ungebundenheit an die Liebe im Sinne eines notwendigen Regulatives als von ihrer essentiellen Natur entfremdet. D.h., dass es für die Konkupiszenz eine ursprüngliche, oder besser eine essentielle Legitimität gibt, wenn sie nur erst durch die Liebe an ihre eigentliche Wesenheit gekoppelt würde. Somit erscheint die Liebe als die maßgebende Orientierung und Kraft, die das Gottes-, das Selbst- und das Weltverhältnis des Menschen in die ihr zugedachten Bahnen zu lenken vermag. Glaube und Liebe seien hierbei im Grunde zwei Seiten einer Medaille, worin TILLICH schließlich eine vermittelnde Basis für den ökumenischen Dialog entdeckt haben will.[75]

V.1.1. Fazit

Die menschliche Essenz wird von TILLICH im Sinne einer Erkenntnis- und Willenseinheit mit Gott begriffen. Durch den Bruch dieser Einheit – TILLICH selbst spricht von einem Sprung[76] – werden die Verhältnisbestimmungen menschlichen Daseins korrumpiert. Unglaube bedeutet so *Zerreißung der essentiellen Willens- und Erkenntniseinheit mit Gott*. In dieser Darlegung der existentiellen Entfremdung des

---

73 Vgl. a.a.O., 63: „Denn der Mensch hat von Natur aus den Wunsch zu einer Liebe, die sich mit dem Gegenstand der Liebe um seiner selbst willen vereinigt und darum konkret und begrenzt ist."
74 A.a.O., 64.
75 Vgl. a.a.O., 57.
76 Zur Problematik der These von der Koinzidenz von Schöpfung und Fall vgl. etwa HOPING, Freiheit im Widerspruch, 1990, 270–276 und JÜNGEL, Das Evangelium von der Rechtfertigung, 2006, 95, Anm. 35.

Menschen wird die argumentative Basis im augustinisch-voluntaristischen Menschenbild einerseits und der hegelschen Philosophie andererseits ersichtlich.[77] Der durch den Unglauben korrumpierte Wille des Menschen war auch für Augustin der Effekt der Sünde Adams. Doch kommt bei TILLICH ein entscheidendes Moment hinzu, das eine rationale Beschreibung der Gottebenbildlichkeit eröffnet.

Während die reformatorische Auffassung von einer relational verstandenen Gottebenbildlichkeit ausging, sieht TILLICH die Voraussetzung für dessen Korruption in der menschlichen Eigenschaft des Selbstbewusstseins gegeben.[78] M.E. ergänzt diese Einsicht das relationale Verständnis der Gottebenbildlichkeit, indem hier eine anthropologische Begründung für die *strukturelle* Integrität der Gottebenbildlichkeit geliefert wird, mit der auch *nach* dem Sündenfall bzw. trotz des Sünderseins des Menschen die Gottebenbildlichkeit als wesentlicher Bestandteil seiner Geschöpflichkeit behauptet werden könnte. Zwar müsste dann noch geklärt werden, inwiefern Voraussetzung und Realisierung der Gottebenbildlichkeit miteinander vermittelt werden müssen, doch stellt diese Überlegung eine gewinnbringende Einsicht für die Lösung des Problems dar.[79]

Der Hochmut impliziert die Ignoranz des Menschen gegenüber seiner eigenen Endlichkeit, in der er sich über seine Bestimmung erhebt und seine eigene Person zum Zentrum seines Daseins macht. Hochmut stellt neben dem Unglauben eine weitere Implikation der Entfremdung von Gott dar, hat jedoch als eigentlichen Gegenstand nicht Gott, sondern das Selbst.[80] Schließlich wird der Mensch der Armut seines Daseins gewahr und in seiner Konkupiszenz getrieben sucht er, sich auch über die restliche Welt zu erheben, um sich ihrer Güter zu bemächtigen.

---

77 Hier setzt eine Korrektur PANNENBERGS an TILLICHS Behauptung der hegelschen Herkunft des „Entfremdungsbegriffs". Inhaltlich stelle er im Grunde keine Neuheit dar. Vgl. hierzu WENZ, Pannenbergs Theologie, 2003, 142f: „Anders als von Paul Tillich vermutet, der ihn in der modernen Theologie in besonderem Maße zur Interpretation des Sündenbegriffs aufgenommen hat [...], ist der Entfremdungsbegriff nämlich nicht erst von Hegel und im Anschluss an ihn von Marx eingeführt worden, sondern geht 'auf sehr viel ältere Wurzeln' (Anthr., 260) einschließlich biblischen Zeugnisses zurück."
78 Interessant wäre hier das Unternehmen einer theologisch-komparativen Analyse der theologischen Deutung des Selbstbewusstseins mit der Lehre vom Geist des Menschen im trichotomisch-anthropologischen Modell.
79 Vgl. auch PANNENBERG, Systematische Theologie, Bd. II, 1991, 261f: „Seit dem Aufkommen der Interpretation der Gottebenbildlichkeit als Bestimmung des Menschen ist in der neueren evangelischen Theologiegeschichte auch von einer Anlage der menschlichen Natur auf dieses Ziel hin gesprochen worden. [...] Die Frage ist nur, wie der Weg von der Anlage zu ihrer Entfaltung und Verwirklichung zu denken ist."
80 „Die eine Seite ist der Drang des Menschen, sein Zentrum vom göttlichen Zentrum zu entfernen (Unglaube), die andere, sich selbst zum Zentrum seines Selbst und seiner Welt zu machen (hybris)." TILLICH, Systematische Theologie, Bd. II, 1979, 60.

V.2. Das anthropologische Konzept Pannenbergs und die Sünde des Menschen

PANNENBERG geht ähnlich wie TILLICH von einem zunächst nicht-theologischen Ansatz für die Beschreibung des menschlichen Daseins aus. Nicht nur philosophische Tradition, sondern auch evolutionsbiologische Anthropologie spielen in seinen Darlegungen eine wichtige Rolle. PANNENBERG versucht, die nach ihm nicht zwingend religiöse Erfahrung der Unzulänglichkeit menschlichen Daseins auf der Basis nicht-theologischer Reflexionen über das Wesen des Menschen als eine mit sich selbst und seiner Konstitution im Widerspruch existierenden Lebensform für die theologische Vorstellung von der Sünde kompatibel zu machen.

Den Ausgangspunkt stellt für ihn der Begriff der exzentrischen Bestimmung menschlichen Daseins dar, von wo aus das Verhältnis des Menschen zu sich selbst und sein Weltverhältnis im Unterschied zum tierischen Wesen dargelegt wird. Er führt für eine Begriffsklärung dieser Bestimmung menschlichen Daseins zunächst den Begriff der *Weltoffenheit* an.[81] Damit ist nicht nur die grundsätzliche Möglichkeit des Menschen, seine Umwelt wahrzunehmen und gestalten zu können, gemeint, sondern vielmehr eine immer wieder neu anhebende Bedürftigkeit des Menschen, seinem Tun und seinem ganzen Dasein einen Sinngehalt zu geben. Dieses Bemühen des Menschen um Sinnstiftung zeigt sich für PANNENBERG bspw. in einer *iteratio ad infinitum* kultureller Kreativität. Die Menschen „wandeln nicht nur die Natur zur Kultur, sondern setzen unablässig neue Kulturgestaltungen an die Stelle der früheren."[82]

So macht bereits die Kulturgeschichte deutlich, dass dieses Streben nicht durch das Schaffen des Menschen in dieser Welt zur Vollendung kommt. Daher gehöre es zum Wesen des Menschen, sich selbst und die Wirklichkeit, in der er lebt, in einem höheren Zusammenhang zu sehen, zu transzendieren, der über sich und die Welt hinaus letztlich auf das Unendliche und Absolute verweise.[83] Im so verstandenen Wesen des Menschen ist begründet, dass diesem Streben ins Unendliche die Vorstellung von einem unendlichen Gegenüber innewohnt, das für die

---

81 Vgl. auch GREINER, Theologie Pannenbergs, 1988, 174: „Nach M. Scheler ist der Mensch ‚weltoffen'; er ist nicht dem Schema von Reiz und Reaktion unterworfen; vielmehr kann er bei den Dingen als solchen verweilen. Die Möglichkeit zu freier Triebhemmung ist für Scheler ein Zeichen für den Geist des Menschen, welcher ein aus der Evolution unableitbares Moment darstellt und auf Gott zurückgeführt werden muß."

82 PANNENBERG, Was ist der Mensch, 1995, 10.

83 Vgl. ebd.: „Der menschliche Antriebsdruck […] richtet sich ins Unbestimmte. […] Er treibt ins Offene, scheinbar ziellos."

Abgeschlossenheit und Ganzheit menschlichen Daseins garantieren kann.

Für dieses unendliche Gegenüber kann nur die Vorstellung in Frage kommen, die mit dem Begriff *Gott* gekennzeichnet ist.[84] So wird aus der *Weltoffenheit* des Menschen gleichsam eine *Gottoffenheit* erschlossen. Daher muss konsequenterweise die Lebensgeschichte des Menschen als eine Gottsuche oder – nicht-religiös formuliert – als ein bewusstes oder unbewusstes Voraussetzen eines absoluten und unendlichen Gegenübers, das den Sinngehalt der eigenen Existenz im Sinne einer Vollendung des Daseins garantieren kann, beschrieben werden.[85] Im Bewusstsein des Menschen vollzieht sich dieses Voraussetzen eines unendlichen Gegenübers in der Spannung zwischen Zentriertheit und Exzentrizität, worin PANNENBERG das Wesensmerkmal des Menschen als einer gebrochenen, mit sich selbst im Widerspruch stehenden Spezies sieht. Wie aber stellt sich nun die Erörterung der Frage nach den drei traditionellen Sündenbegriffen in dem Ansatz PANNENBERGS?

Wie TILLICH orientiert PANNENBERG sich in der Darlegung der Konkupiszenz und des Hochmuts an Augustin. Der Kerngedanke Augustins ist mit den Begriffen *amor sui* und *superbia* als analytisch hergeleitete Implikationen der Konkupiszenz umfasst. Anstatt Gottes Ordnung mit Gott als dem Höchsten Gut anzuerkennen, setzt der Mensch sich nach Augustin selbst an dessen Stelle, um sich selbst der Dinge zu bemächtigen. Im Hochmut begehrt der Mensch die Dinge für sich selbst und löst sie aus ihrer ursprünglichen Relation zu Gott als dem Höchsten Gut heraus.[86] In der Konkupiszenz wird somit die Selbstliebe, der *amor sui,* des Begehrenden ersichtlich, der letztlich einer Selbstüberschätzung gleichkommt.

Gegenüber einer synthetischen Argumentationsstruktur des Paulus, der von der Allgemeinheit des Todesgeschicks auf die Kausalität von Sünde als Ursache und von Tod als deren Folge schließlich die Allgemeinheit der Sünde behauptete, ist die rationale Analyse Augustins für eine moderne anthropologische Erörterung

---

84 A.a.O., 11: „Die chronische Bedürftigkeit, die unendliche Angewiesenheit des Menschen setzt ein Gegenüber jenseits aller Welterfahrung voraus."

85 Vgl. ebd.: „Die unendliche Angewiesenheit des Menschen auf ein unbekanntes Gegenüber hat sich uns als der Kern des etwas vagen Ausdrucks Weltoffenheit herausgestellt. Damit ist freilich kein theoretischer Beweis für die Existenz Gottes geführt. Es hat sich aber gezeigt, daß der Mensch rein durch den Vollzug seines Lebens ein Gegenüber voraussetzt, auf das er unendlich angewiesen ist, ob er es weiß oder nicht."

86 Vgl. GREINER, Theologie Pannenbergs, 1988, 177: „Nach Augustinus sollen die vergänglichen Güter Mittel sein, um die unvergänglichen zu erlangen. In der Sünde wird diese Zweck-Mittel-Relation verkehrt. Darin kommt eine Eigenmächtigkeit des Menschen gegen die natürliche Ordnung zum Ausdruck."

des Phänomens der Sünde, laut PANNENBERG, ertragreicher, da sie sich auf das Wesen der menschlichen Sünde selbst richtet.[87] So ermöglicht der methodische Ausgang von Augustins Analyse der Konkupiszenz eine allgemeine anthropologische Neuinterpretation seiner Darlegungen.

Zentral für diese Neuinterpretation der Konkupiszenz als verkehrtem Weltverhältnis, in welcher implizit der Hochmut und der *amor sui* wirksam sind, ist die These von der exzentrischen Bestimmung humaner Lebensweise. Der Mensch ist, laut PANNENBERG, als einziges Geschöpf in der Lage, sich selbst als einen Gegenstand wahrzunehmen, indem sich das Ichbewusstsein mittels seiner speziellen Bewusstseinsstruktur sowohl als Identität mit seinem Leib als auch als ein von seinem Leib unterscheidbares Subjekt erfahren und wahrnehmen kann.[88] Dieses spezifisch humane Vermögen ist „Selbstbewusstsein".[89] Wie bereits in TILLICHS Analyse der Sünde als Entfremdung der Begriff des Selbstbewusstseins eine entscheidende Rolle gespielt hat, so fungiert bei PANNENBERG die Spannung von Zentriertheit und Exzentrizität[90] des menschlichen Ichbewusstseins als zentrales anthropologisches Datum, von dem aus sich die Möglichkeit zur Sünde, hier speziell zum *amor sui*, als geschöpfliche Anlage des Menschen explizieren lässt.[91]

Die Art und Weise, wie sich der Mensch in seinem Hochmut und in seinem *amor sui* an die Stelle Gottes setzt, sei des Weiteren in der Perspektive Hegels auf das Verhältnis des Menschen zum Absoluten greifbar. Demnach sei das Absolute und Unendliche für das Ichbewusstsein nicht ohne Weiteres als ein objektiver und

---

87 Vgl. PANNENBERG, Systematische Theologie, Bd. II, 1991, 281: „Die allgemeine Verbreitung der Sünde, die Paulus erst angesichts der Allgemeinheit des Todes als ihrer Wirkung behaupten konnte (Röm 5,12), ergab sich für Augustin bereits als Resultat seiner anthropologischen Strukturanalyse der Sünde selber."

88 Vgl. *Ders.*, Anthropologie, 2011, 81f: „In seiner exzentrischen Selbsttranszendenz ist das Ich ursprünglich beim andern seines Leibes, und doch ist es im Wissen um die Andersheit des andern mit seinem Leib identisch all dem andern gegenüber, das es von sich unterschieden weiß."

89 A.a.O., 82: „Das Sein beim andern *als* einem andern eröffnet die Dimension des Selbstbewußtseins mit seiner Unterschiedenheit von sich selber und seiner Einheit mit sich, die jedoch widerspruchsvoll bleibt, weil das Ich auf beiden Seiten des Unterschiedes auftritt, sowohl von seinem Leibe verschieden als auch mit ihm identisch."

90 Vgl. aber PRÖPPER, Das Faktum der Sünde, 1990, 272: „Dieses allerdings ist, [...] nicht etwa (wie es bei Plessner erscheint) als Gegensatz des Ich oder des Selbstbewußtseins zum Leib aufzufassen, sondern als Polarität in der Struktur des Ich selber: als die im Selbstbewußtsein erfahrene Spannung nämlich zwischen der zentralen Organisationsform des Menschen, [...] und seiner ebenso konstitutiven exzentrischen Bestimmung (79 ff. 102)."

91 Vgl. PANNENBERG, Anthropologie, 2011, 82: „Die exzentrische Selbsttranszendenz, das Sein beim andern seiner Selbst (d.h. ursprünglich beim andern seines Leibes), konstituiert das Ich oder die Person. Zugleich aber setzt sich das Ich in seiner Identität mit 'sich selbst' auch wieder dem andern entgegen. Das ist die Wurzel des Bruches im Ich, die Wurzel seines Widerspruchs gegen seine eigene exzentrische Bestimmung."

ihm unverfügbarer Gegenstand definiert, sondern könne vom theoretischen Bewusstsein des Ich auch als ein spezieller Gegenstand neben allen anderen aufgefasst werden, so dass das Ich der mutmaßliche Garant für die Abgeschlossenheit und damit Vollkommenheit der Wirklichkeit bleiben könnte.[92]

Während dieser Sachverhalt bei Hegel lediglich als eine Möglichkeit des menschlichen Bewusstseins gesehen wurde und daher die Konkupiszenz an sich nur durch ihre Identifikation mit dem Willen des Menschen als böse zu qualifizieren sei, kritisiert PANNENBERG die Folgerung der hegelschen Anthropologie, die Aufgabe des Menschen sei es, seinen Willen über die natürliche Begierde zum reinen Geist zu erheben und fragt: „(Doch) bleibt die Erhebung zum Gedanken des Absoluten nicht immer an die endliche Subjektivität als an ihre Basis gebunden?"[93] Damit müsste im Grunde jedes Bemühen des Menschen, die eigene Subjektivität zum Absoluten und Unendlichen zu erheben, von Beginn an zum Scheitern verurteilt sein. Ein solches Bemühen steht m.E. sogar in ähnlicher Ausrichtung wie alle bisherigen Ausführungen über das Wesen des Hochmuts.[94]

Dieser Absage an menschliches Vermögen der Endlichkeit entfliehen zu können, spielt auch in der Überlegungen Kierkegaards vom Vorrang des Unendlichen gegenüber dem Endlichen im Selbstverhältnis des Menschen eine bedeutende Rolle. Er sprach daher auch von einem verzweifelten Dasein des Menschen, das sowohl in Form vergeblicher Selbstverwirklichung auf der Basis seines endlichen Daseins als auch in Form verzweifelter Sehnsucht nach Auflösung seiner Endlichkeit zum Vorschein kommen könne.[95]

---

92 Dieser Gedanke war auch in TILLICHS Überlegungen über die Zentriertheit des menschlichen Geschöpfs tragend, aus der sich die Fähigkeit zum Selbstbewusstsein und der Stand des Menschen zwischen aktueller Endlichkeit und potentieller Unendlichkeit ergeben konnte. Die vollkommene Zentriertheit des Menschen, so TILLICH, „macht ihn fähig, sich selbst und seine Welt zu transzendieren, auf beides hinzuschauen und sich selbst als das Zentrum anzusehen, in dem alle Teile der Welt konvergieren." TILLICH, Systematische Theologie, Bd. II, 1979, 57.

93 PANNENBERG, Systematische Theologie, Bd. II, 1991, 284.

94 M.E. kommt diese Forderung an die menschliche Existenz einer Selbstvergötzung nahe. Die Annahme, dass der Mensch aus der Endlichkeit seines Daseins durch sich selbst über seine, mit TILLICH gesprochen, potentielle Unendlichkeit verfügen könnte, ist überdies unangemessen. Es muss hier konsequent von der Abhängigkeit des Menschen vom Absoluten gesprochen werden. Denn der Mensch hat zwar als endliches Wesen auch ein Verhältnis zur Unendlichkeit, jedoch nicht in dem Sinne, dass er über das Unendliche verfügen könnte, sondern sich lediglich seiner Endlichkeit gegenüber der Unendlichkeit und seiner Angewiesenheit auf ein unendliches Gegenüber gewahr werden kann.

95 Vgl. PANNENBERG, Systematische Theologie, Bd. II, 1991, 284f: „Kierkegaard [hat ...] den augustinischen Gedanken der Sünde als Verkehrung der Struktur des Menschseins als Geschöpf wiederholt, aber nun in der neuen Gestalt, daß die Selbstrealisierung des Menschen auf der Basis seiner Endlichkeit eine Umkehrung des Begründungszusammenhangs darstellt, der vom Unendlichen und Ewigen ausgeht und das Dasein des Menschen zu ihm konstituiert. Daraus folgt der verzweifelte Charakter aller Bemühungen des Menschen um Selbstverwirk-

In der so begründeten Anlage der menschlichen Bewusstseinsstruktur sieht PANNENBERG den geschöpflichen Boden für die *superbia* und schließlich auch für die übermäßige Selbstliebe, den *amor sui*. Er beschreibt dezidiert die Pervertierung der menschlichen Seinsstruktur aus der kreatürlichen Bewusstseinsebene heraus. Die wesenhafte Bestimmung des Menschen ist eine exzentrische. D.h., dass der Mensch in seinem ganzen Sein durch seine unendliche Angewiesenheit auf ein unverfügbares Gegenüber gekennzeichnet ist. Die Verhältnisbestimmung des Menschen zu sich selbst ist somit darin verkehrt, dass er sich über seine bestimmungsgemäßen Gegebenheiten erhebt, indem er seine endliche Subjektivität, sein Ich zum Zentrum seines Lebensvollzuges macht und dadurch von der Konstitution seines Daseins abweicht. Er verhält sich nicht seiner exzentrischen Bestimmung gemäß, wenn er seine Endlichkeit nicht anerkennt und damit sein exzentrisches Lebenszentrum. Darin sieht PANNENBERG – ähnlich wie bereits TILLICH – den Hochmut des Menschen virulent. Dies kommt einer Bankrotterklärung an jedes menschliche Bemühen um eine unmittelbare, auf das eigene Ich zentrierte Selbstrealisierung und Identitätsbildung gleich.[96]

In Anlehnung an Kierkegaards Überlegungen über die Rolle der Angst im Phänomen der Sünde des Menschen sieht PANNENBERG des Weiteren eine erhellende Anregung zur Klärung der Frage nach der Hartnäckigkeit der Sünde im Dasein des Menschen. Der Angst um das eigene Seinkönnen misst er eine der Begierde vorausgehende motivationale Bedeutung zu. Das Konzept der Angst als Erklärung für die hartnäckige Präsenz der Konkupiszenz im menschlichen Dasein stellt eine vertiefende psychologische Veranschaulichung des augustinischen *amor sui* dar.[97]

Aus der Doppelbelastung von Seinwollen und Unwissen über Zukünftiges begreift PANNENBERG die Angst um das eigene Seinkönnen als den Anstoß für die Verschließung des Ich vor einem vertrauensvollen Lebenswandel.[98] Es ergibt sich

---

lichung auf der Basis seines endlichen Daseins."

96 Der Mensch vermag es nicht, „auf dem Boden seiner endlichen Subjektivität und durch sein Handeln seiner Situation vor Gott gerecht zu werden oder, mit Kierkegaard gesprochen, seine eigene Identität von sich aus zu realisieren." A.a.O., 285.

97 Vgl. a.a.O., 287: „Da die subjektivitäts-theoretischen Analysen sich als Vertiefung der augustinischen Psychologie der Sünde lesen lassen, wird die Angst (als Ausdruck der übermäßigen Selbstliebe) auch schon als Motiv des Hervorgangs der Konkupiszenz aus ihr zu vermuten sein: Der Mensch ist schon als natürliches Wesen durch Bedürftigkeit und darum auch durch Begierde gekennzeichnet. Aber der Schritt zu jenem Übermaß der Begierde, das sie zur Sünde macht, dürfte in der Angst um das eigene Seinkönnen begründet sein, in der sich der Mensch durch den Besitz des Begehrten des eigenen Selbstseins zu versichern sucht."

98 Vgl. a.a.O., 288: „Die Unsicherheit der Zukunft und die Unabgeschlossenheit der eigenen Identität nähren […] die Angst. So wird der Mensch durch seine Angst in der Ichbefangenheit festgehalten."

für den Menschen aus der Notwendigkeit, sein Leben in dieser Welt im Vertrauen auf eine gelingende Zukunft bewältigen zu müssen, ohne dass sich der Mensch jedoch dessen, was kommen wird, sicher sein kann, die Angewiesenheit auf Unverfügbares, das über ihm und der Wirklichkeit steht und ihm nur so zum Garanten für eine gesicherte Zukunft werden kann. So wird die Bestimmung des Menschen nicht-religiös in einem Leben begriffen, das sich in prinzipiellem Vertrauen auf diesen zunächst noch unbestimmten Garanten vollzieht.[99]

PANNENBERG beschreibt dieses Vertrauen als einen Akt des Menschen, auf den er sich selbst im wahrsten Sinne des Wortes verlässt und sich ganz auf die tragende Kraft und Beständigkeit des Vertrauensgegenstandes stellt. Hier wird die Exzentrizität der Bestimmung menschlichen Daseins sehr deutlich. Das Unbekannte, auf das sich der Vertrauende einlässt, umfasst letztlich die gesamte Wirklichkeit des Menschen und transzendiert diese noch, indem es die menschliche Frage nach dem Grund des Seins repräsentiert. Daher könne nur in Form eines Vertrauensverhältnisses zwischen dem Menschen und dem ihm Unbekannten gesprochen werden. Je nachdem, wie sich der Mensch in diesem Vertrauensverhältnis zu der ihm unverfügbaren und vorbehaltlich unbekannten Wirklichkeit verhält, ist daher entweder von einem Lebensvollzug zu sprechen, der der Bestimmung des Menschen als eines gottoffenen Wesens gemäß ist, oder nicht.

V.2.1. Fazit

Nach PANNENBERG konvergiert der theologische Sachverhalt, der mit dem Begriff Unglauben zum Ausdruck gebracht wird, mit demjenigen menschlichen Verhalten, das sich vor seiner Angewiesenheit auf das Absolute und Unbekannte verschließt und im ängstlichen Misstrauen gegenüber allem Unverfügbaren seiner Ichzentriertheit verfällt.[100] Der so verstandene Begriff der Angst des Menschen um sein eigenes Seinkönnen stellt m.E. letztlich das nicht-religiöse Pendant zum religiösen Begriff des Unglaubens dar. Er geht zwar von einem unbestimmten Gegenüber aus – im Gegensatz zur religiösen Gestalt – doch hat PANNENBERG gezeigt, dass die Struktur eines Lebens in der Angst um das eigene Seinkönnen mit einem Leben,

---

99 Vgl. *Ders.*: Was ist der Mensch, 1995, 23: „Als ganze bleibt die Wirklichkeit, auf die hin wir leben, immer unbekannt, und von daher kann auch das einzelne, auf das wir uns einzurichten wissen, immer einmal anders ausgehen als wir vorhersehen. Darum müßen wir vertrauen."
100 Vgl. *Ders.*, Systematische Theologie, Bd. II, 1991, 289: Es „kann von Seiten des Geschöpfes Glaube oder Unglaube in dankbarer Annahme des Lebens und vertrauensvoller Aufgeschlossenheit einerseits und andererseits in der Angst um das eigene Seinkönnen vollzogen werden."

das im Unglauben gegenüber dem offenbarten Gott der Bibel geführt wird, nahezu identische Züge annehmen kann.

Entscheidend bleibt hierbei, dass die Angst um das eigene Seinkönnen nicht die Ichfixierung schafft. Denn als Möglichkeit ist sie auch schon in der menschlichen Seinsstruktur in Form der Zentriertheit des menschlichen Bewusstseins angelegt. Sie führt jedoch als Misstrauen gegenüber der ungewissen Zukunft die Zentriertheit des menschlichen Bewusstseins in die Gefangenschaft und hält sie dort fest.[101] Konsequenterweise scheint es daher unmöglich, der weltoffenen und gottoffenen Bestimmung des Menschen ohne das *Geschenk* des Vertrauens im Hinblick auf eine Garantie des Seinkönnens nachzukommen.[102]

Die Unbestimmtheit des Vertrauensgegenstandes ist hierbei in der unendlichen Angewiesenheit des Menschen auf einen Garanten für sein Seinkönnen begründet. Aus ihr ergibt sich die Notwendigkeit des Vertrauens für die Lebensgestaltung. Die Vertrauensunfähigkeit ergibt sich, laut PANNENBERG, aus der Doppelbelastung menschlichen Daseins. Zum einen folgt sie aus der Unabgeschlossenheit menschlicher Identität, welche als geschichtlicher Prozess auf eine Vollendung zur Ganzheit des Selbst angelegt ist und welcher letztlich auch die übermässige Begierde im Sinne einer Motivation zur Identitätsvollendung durch das absolut gesetzte Weltverhältnis anregt. Zum anderen folgt sie aus der Ungewissheit über die noch ausstehende Vollendung und der aus diesen beiden Aspekten entstehenden und sich immer wieder neu reproduzierenden Angst um das eigene Seinkönnen, worin schließlich auch der *amor sui* und damit auch der Hochmut des Menschen im Sinne der Ichfixiertheit menschlichen Daseins beschrieben ist.

---

101 Siehe auch GREINER, Theologie Pannenbergs, 1988, 179: „Pannenbergs […] Sündenlehre geht davon aus, daß menschliches Dasein fundamental gebrochen ist, und zwar derart, 'daß die Spannung zwischen zentraler Organisationsform und Exzentrizität immer schon zugunsten der ersteren, zugunsten der Zentralinstanz des Ich, aufgelöst ist, statt umgekehrt durch Aufhebung des Ich in den Vollzug seiner wahren, exzentrischen Bestimmung'." Hervorhebung durch Vf..

102 Vgl. PANNENBERG, Systematische Theologie, Bd. II, 1991, 289: „Vertrauen in diesem allgemeinen Sinne ist freilich nicht schon Glaube im Sinne der Hinwendung zum Gott der Bibel. Solche Ausdrücklichkeit des Glaubens ist erst auf dem Grunde geschichtlicher Gottesoffenbarung möglich. Soll Unglaube als anthropologisch allgemeiner Sachverhalt in die theologische Beschreibung der Sünde als einer bei den Menschen allgemein verbreiteten Tatsache eingehen, dann muß eine primäre Unbestimmtheit des Gegenstandes und Grundes des Vertrauens einerseits, der Vertrauensunfähigkeit andererseits zugestanden werden." Interessant wäre hier eine Gegenüberstellung von der Vorstellung des anonymen Wirkens Gottes in den Tugenden der Heiden bei JOEST mit der Einsicht in die Vertrauensunfähigkeit des Menschen.

V.3. Der christologische Ansatz Joests

Anders als die oben dargestellten methodischen Ansätze zur Veranschaulichung des Phänomens der Sünde geht JOEST im zweiten Band seiner Dogmatik vor. Während TILLICH und PANNENBERG Sünde als einen Sachverhalt beschreiben wollen, der auch ohne den Ausgangspunkt von einer bestimmten religiösen Gottesoffenbarung mittels einer humanwissenschaftlich-anthropologischen Analyse verifizierbar ist, steht JOEST u.a. in der Tradition Karl Barths und einer offenbarungstheologischen Wort-Gottes-Theologie.

Barth hatte den methodischen Ansatz seiner Hamartiologie ebenfalls aus christologischer Perspektive zu begründen versucht.[103] Diesem Ansatz folgt JOEST, indem er sich der christologischen Definition der Gottebenbildlichkeit bedient und die Sünde des Menschen als *negativum* vom Christusverhalten in den Verhältnisbestimmungen menschlichen Daseins abhebt.[104] JOEST geht so einen offenbarungstheologischen Weg und wählt einen konsequent christologischen Ansatz für seine Erörterungen über den Menschen und seine Sünde. Die Wirklichkeit des Menschen in ihrer Ganzheit, die auch die Sündenproblematik mit einschließt, würde demnach erst in voller Klarheit durch die – christologisch zu verstehende – Gottebenbildlichkeit als die dem Schöpferwillen entsprechende Bestimmung des Menschen evident.

Gottebenbildlichkeit war in der Theologiegeschichte immer ein umstrittener Begriff. JOEST unterscheidet hier grundsätzlich zwischen substantialem und relationalem Verständnis.[105] Für ihn ist es im Folgenden angemessener, von einem

---

103 Vgl. JÜNGEL, Barth-Studien, 1982,211f: „Karl Barth hat, dem Gesamtduktus seiner Kirchlichen Dogmatik getreu, die Anthropologie christologisch begründet. [...] Der Mensch Jesus ist also die Bedingung der Möglichkeit für die Erkenntnis des Wesens des Menschen überhaupt." Vgl. auch DETMER, Gott in Jesus Christus mit den Menschen, 1997, 186: „Von welcher Art die Beziehung des Menschen zu Gott ist, kann am Menschen abgelesen werden. Joest vertritt somit im Anschluß an Karl Barth eine christologische Begründung der Lehre vom Menschen."

104 Hier fällt auf, dass JOEST nicht explizit das Selbstverhältnis behandelt, sondern neben Gottes- und Weltverhältnis das Verhältnis zum Mitmenschen fokussiert. Das fehlen einer *expliziten* Behandlung des Selbstverhältnisses des Menschen hängt mit JOESTS Personalitätsverstandnis zusammen. Vgl. etwa *Ders.*, Gott will zum Menschen kommen, 1977, 12: „Personalität hat ihren Ort [...] allein in der lebendigen Begegnung [...]. Statt Personalismus schlechthin sollte man diese Sicht der Person-Bestimmung des Menschen vielleicht besser 'Inter-Personalismus' nennen." Zur Vertiefung siehe *Ders.*, Ontologie der Person bei Luther, Göttingen, 1967. Trotzdem spricht JOEST auch von Sachverhalten, die in das Selbstverhältnis gehören, wie etwa die *Selbstsorge*. Die Person Jesu Christi stellt das methodische Äquivalent zu TILLICHS essentiellem Sein des Menschen und zu PANNENBERGS Ganzheit des Selbst dar. Sie ist Bestimmung menschlichen Daseins.

105 Vgl. JOEST, Dogmatik, Bd. II, 1993, 370: „Man könnte anhand der Interpretationsgeschichte des Ebenbildbegriffs ein substantiales und ein relationales Verständnis unterscheiden. [...] Ebenbild substantial verstanden, das würde heißen: Dem Menschen in sich selbst, in der

relationalem Verständnis der Gottebenbildlichkeit des Menschen auszugehen, was mit seiner Definition der Gottebenbildlichkeit des Menschen aus christologischer Perspektive zusammenhängt. Doch wie genau lässt sich Joests Verständnis von der Gottebenbildlichkeit des Menschen nun verstehen?

Christus wird bereits im Neuen Testament als Ebenbild Gottes verkündet und wird zudem als Ursprung und Ziel dieser Vorstellung begriffen.[106] Durch Christus und auf ihn hin sind alle Menschen erschaffen worden. Damit ist die Erfüllung der Gottebenbildvorstellung aus neutestamentlicher Perspektive in Jesus Christus gegeben.

Joest versucht nun, die Applikation des Ebenbildgedankens auf Christus in einem zweifachen Sinn zu verstehen. Zum einen eröffne sich in Christus der heilbringende Umgang Gottes mit dem Menschen, bezüglich welchem der Mensch aufgerufen sei, sich korrespondierend zu verhalten. Zum andern ließe sich auch das Muster für diese Korrespondenz und damit die geschöpfliche Bestimmung des Menschen im Menschsein Jesu erschließen.[107] Somit stellt für Joest Leben und Geschick, kurzum das ganze Verhalten und die Person Jesu den hermeneutischen Schlüssel für eine Charakterisierung des von Gott gewollten menschlichen Verhaltens dar.[108] Wie sind nun unter diesem hermeneutischen Ansatz die drei traditionellen Begriffe des Unglaubens, des Hochmuts und der Konkupiszenz zu begreifen?

Die konsequent relational verstandene Gottebenbildlichkeit lässt sich als ein Dasein beschreiben, das in einem existenziellen Angewiesensein auf Gott seinen Wesensgrund hat. Dieser Wesensgrund ist in Jesus Christus durch sein biblisch bezeugtes Wissen um diese prinzipielle Angewiesenheit des Menschen auf Gott und um seine konsequente Umsetzung dieser Einsicht in Wort und Tat verwirklicht und somit Maßstab für eine Eingrenzung der Bestimmung menschlichen

---

Substanz und Struktur seines Wesens, ist eine *Ähnlichkeit* zu Gott verliehen. [...] Ebenbildlichkeit relational verstanden meint nicht so sehr eine Beschaffenheit des Menschen, in der er Gott ähnlich wäre, als vielmehr eine bestimmte *Verhaltensbeziehung*, in die er durch Gott gerufen ist."

106 Kol 1,15f.

107 Joest, Dogmatik, Bd. II, 1993, 371: Christus „ist die eikôn Gottes (2.Kor 4,4; Kol 1,15; dem Sinn nach auch Hebr 1,3). [...] Er ist es, weil in ihm als dem *eingeborenen* Sohn Gott selbst heilbringend gegenwärtig ist und darin *sein* die Rechte schaffendes Verhalten zum Menschen erweist. Und er ist es, sofern er als der *erstgeborene* Sohn das rechte Verhalten des *Menschen* zu Gott verwirklicht."

108 Vgl. auch Detmer, Gott in Jesus Christus, 1997, 186: „Innerhalb Joests christologischer Begründung vom Menschen gilt es zuerst den Blick auf das Verhalten Jesu zu richten. Denn an ihm wird deutlich, wie sich Gott gegenüber den Menschen verhalten hat und in was für ein Verhalten die Menschen folglich gegenüber Gott gerufen sind."

Daseins. Im Widerspruch zu diesem Maßstab nimmt das, was die Bibel Sünde nennt, Konturen an. Weiß sich der Mensch dementsprechend nicht angewiesen auf Gott in all der Notwendigkeit seiner Alltags-, seiner Lebensbewältigung, so verfällt er in die Selbstsorge um sich. JOEST spricht hier in Anlehnung an die von Luther geprägte Formel der *incurvatio hominis in seipsum* von der *Verschlossenheit des Menschen in der Sorge um sich selbst*. Hierin sieht JOEST den Unglauben des Menschen am Wirken.[109] Unglaube ist dementsprechend der Widerspruch des Menschen gegen Gott als seinen Fürsorger und damit gegen den Gemeinschaftswillen Gottes.[110]

Des Weiteren erkennt JOEST für das Verhältnis des Menschen zum Nächsten in der vorbehaltlosen Zuwendung Jesu zu seinen Mitmenschen den Maßstab für sündloses Verhalten. Sprachlicher Ausdruck für Sünde im Verhältnis des Menschen zu seinen Mitmenschen würde dementsprechend die Rede von *„Gleichgültigkeit des Menschen gegen den Menschen"* darstellen.[111]

„Aber auch als Gleichgültigkeit des Menschen gegen den Menschen ist sie zugleich Verweigerung gegenüber Gott."[112] JOEST bringt hier die beiden Verhältnisbestimmungen menschlichen Daseins, also sein Verhältnis zum Mitmenschen und sein Gottesverhältnis so eng zusammen, dass ihre korrumpierte sündhafte Gestalt im Grunde auf dieselbe Wurzel zurückzuführen ist, nämlich auf den Unglauben.[113]

Glaube heißt hier Vertrauen, was eine Beziehung zwischen den Vertrauten voraussetzt. Darum, weil Glaube hier nicht in erster Linie ein bloßes Fürwahrhalten von irgendwelchen Sachverhalten meint, das auch ohne Liebesbeziehung zwischen Kommunizierenden stattfinden könnte, sondern gerade weil mit dem Glauben im Sinne von Vertrauen zu einem Gegenüber sowohl die eine wie auch

---

109 Vgl. JOEST, Dogmatik, Bd. II., 1993, 400: „Im Verhalten zu Gott ist diese Selbstsorge der praktizierte *Unglaube*, die Verweigerung, Gott wahrzuhaben als den, der für uns sein will und als den er sich uns zugesprochen hat."
110 A.a.O., 397: „Die Tiefe des Widerspruchs zwischen dem Willen Gottes und der Sünde des Menschen wird da aufgedeckt, wo sein Anspruch an die Lebensantwort des Menschen als sein den Menschen in das Zusammensein mit ihm selbst rufender Gemeinschaftswille begegnet."
111 A.a.O., 399.
112 A.a.O., 400.
113 Dieser enge Zusammenhang findet m.E. ohne Weiteres in der ebenso engen Verknüpfung des doppelten Liebesgebots, das im Munde Jesu als das höchste Gebot verkündigt wurde, eine Analogie. Daher scheint es im Folgenden nicht verwunderlich, dass JOEST die Liebe zu Gott und den Mitmenschen letztlich auch mit der Erfüllung des Gottvertrauens gleichsetzt. Vgl. a.a.O., 373: „Indem Gott dem Menschen das Leben gibt, ist er von ihm zum *Glauben* beansprucht, und solcher Glaube ist auch die Erfüllung des Gebotes der *Liebe* zu Gott 'von ganzem Herzen', denn er ist das ungespaltene Ja des Vertrauens zu Gott, in ihm wird Gott wahrhaft wahr- und ernstgenommen."

die andere Seite in der Ganzheit ihres Seins betroffen ist, darum können Glaube und Liebe als nahezu identische Bewegungen des menschlichen Herzens beschrieben werden.

Wenn jedoch dieses Vertrauen des Menschen zu Gott, als dem Stifter des Lebens und dem Erhalter des Lebens, nicht gegeben ist, gerät der Mensch in die Not, die Dinge seines Lebens aus eigener Kraft bewältigen zu müssen. JOEST sieht hierin sowohl die Auswüchse eines ängstlichen Egozentrismus als auch die Motivation eines selbstgerechten (durchaus religiös zu nennenden) Verhaltens in Gesellschaft und Privatleben als Folgen solcher Selbstsorge des Menschen.[114] Hier ist auch der Begriff des Hochmuts in den hamartiologischen Ausführungen JOESTS einzuordnen. Er versteht die *superbia* im Sinne einer religiösen Werkgerechtigkeit, in der der Mensch „sich selbst und die eigene Sache besorgen" will als Selbstverwirklichung. Zugleich sieht er jedoch auch in der Form des *ängstlichen* Selbstbesorgens eine Form praktizierten Unglaubens als ein Nicht-Wahrhaben Gottes.[115]

Das Verhältnis des Menschen zur nicht-humanen Schöpfung weist einen etwas schwierigeren Zugang auf, denn es fällt „schwer, eine Antwort auf diese Frage unmittelbar an einem Verhalten Jesu abzulesen, das von seinem Verhalten zu Gott und zu den Menschen als ein Drittes, Besonderes abgrenzbar wäre."[116] Aufgrund dieser Schwierigkeit bemüht sich JOEST, aus der Struktur der bereits erörterten Verhältnisbestimmungen menschlichen Daseins heraus auch dieses Dritte in seiner sündhaften Gestalt zu veranschaulichen.

Der Grundzug, den JOEST hierbei vor Augen hat, ist mit dem Begriff der Konkupiszenz angesprochen. Er erklärt – seinem speziell christologischen Ansatz getreu – die falsche Begierde als Besitzsucht und maßlose Bedürfnissteigerung als Widerspruch zum vorbildlichen Verhalten Jesu, der „gänzlich frei von der Begierde, sich irgendeinen Besitz zu sichern und zu vermehren, und so tatsächlich be-

---

114 Vgl. a.a.O., 401: „Sie [die Selbstsorge] kann in der sublimeren Gestalt einer Ideologie der Selbstverwirklichung erscheinen: als der individuelle oder kollektive Anspruch des Menschen, die Befreiung seines Lebens zu seiner wahren Bestimmung und Erfüllung selbst zu besorgen und eines Gottes dazu nicht zu bedürfen. Sie kann aber auch die religiöse Gestalt einer Werkgerechtigkeit haben, der das Bestehen der eigenen Frömmigkeit vor Gott wichtiger ist als seine Barmherzigkeit mit den Sündern – auch dies heißt, […], sich selbst und die eigene Sache besorgen wollen."

115 Vgl. ebd.: „Auch dies ist praktizierter Unglaube, ein Nicht-wahr-haben Gottes: der Mensch verschlossen in dem Wahn, nun nicht mit seiner Selbstverwirklichungskraft, sondern mit seinem Elend sich selbst überlassen zu sein."

116 A.a.O., 402.

sitzlos, ungesichert und darin völlig frei zur Hingabe seines Lebens an den Weg, den Gott ihn führte" lebte.[117] Wie bereits in TILLICHS Ansatz bemerkt, versteht auch JOEST die Weite des Konkupiszenzbegriffs als unvereinbar mit dessen Reduktion auf sexuelles Verhalten und unterstreicht die Vielfalt in den Erscheinungsformen der verkehrten Begierde. Auch für die Konkupiszenz gilt, dass sie Ausdruck des praktizierten Unglaubens sei.[118]

V.3.1. Fazit

Damit sind alle drei traditionellen Sündenbenennungen im Ansatz JOESTS beschrieben. Der Unglaube stellt demnach ein Nicht-wahrhaben und Nicht-ernstnehmen Gottes, so wie er sich selbst dem Menschen als Fürsorger und Bewahrer des Lebens bekundet hat, dar. Der Mensch soll aus der Kraft der Gemeinschaft mit Gott heraus sein Leben bewältigen und nicht aus sich selbst heraus. Zudem betont JOEST den Beziehungscharakter des Glaubens, der am Besten mit dem Ausdruck des Vertrauens wiedergegeben werden kann.

Der Hochmut stellt eine Erscheinungsform des praktizierten Unglaubens dar und äußert sich in dem Willen des Menschen, seine eigene Identität, sein eigenes Dasein selbst behaupten und leisten zu wollen, d.h. in einer unmittelbaren Selbst*verwirklichung* menschlichen Daseins. Hierin ist letztlich auch ein Nicht-wahr-haben Gottes vorausgesetzt. Neben dem Hochmut wird jedoch auch die *ängstliche* Erscheinungsform des Selbst*besorgens* in den Erörterungen JOESTS als die zweite Seite einer Medaille mit der Prägung des Egozentrismus betont. Hier ist die exzentrische Bestimmung menschlichen Daseins, wie sie bereits im Konzept PANNENBERGS besprochen wurde, auch im Ansatz JOESTS greifbar.

Zuletzt erscheint die Konkupiszenz in Form der Habsucht. Doch es liegt JOEST daran, die Habsucht nicht auf materielle Güter zu beschränken, sondern den Wirkungsschatten der sündhaften Begierde auf das ganze Dasein des Menschen inklusive dessen Sucht nach Ansehen und Lebenssicherung zu explizieren. Festzuhalten ist schließlich, dass gerade bei JOEST die Interdependenz der Sünde in allen Verhältnisbestimmungen menschlichen Daseins trotz ihrer diversen Erscheinungsformen akzentuiert wird, was nicht zuletzt an der Subsumption aller Erscheinungsformen unter dem Begriff des praktizierten Unglaubens deutlich wird.

---

117 Ebd..

118 Vgl. a.a.O., 403: „In der Besitzgier, worauf immer sie sich richten mag, wirkt ja stets auch Gleichgültigkeit des Menschen gegen den Menschen sich aus, und in beiden die Abkehr von Gott in glaubensloser Selbstsorge."

V.4. Jüngels Konzeption der Sünde als Lebenslüge

Jüngel hat ähnliche Vorstellungen wie Joest bezüglich der methodischen Grundlegung seiner Erörterungen über die Sünde des Menschen. So sieht er in der existentiellen Situation des Menschen vor Gott, wie sie mit der Lehre von der Rechtfertigung des Gottlosen zum Ausdruck gebracht wird, das Erkenntnisinstrument, mit dem das Sein des Menschen zu bestimmen sei. Die Gottesbeziehung des Menschen sei demnach der Ort, wo sich die Wurzel der Sünde lokalisieren und von wo aus ihr Wesen sich bestimmen ließe.[119]

Die Rede von der Wirklichkeit des Menschen erlangt nach Jüngel erst durch Offenbarung ihre volle *Reife*.[120] Offenbarung ist für ihn die Selbstmitteilung Gottes an den Menschen, wie sie sich im Geschehen des Kreuzes[121] ereignet hat.[122] Der Tod Jesu als desjenigen Menschen, mit dem sich Gott selbst identifiziert hat, stellt so den hermeneutischen Grund sowohl für die Theologie als auch für die Anthropologie dar. Die Sünde des Menschen wird somit nur von da erkannt, wo sie überwunden wird, d.h. vom Kreuz Jesu Christi her und der hier sich ereigneten Identifikation Gottes mit der *natura humana*. Hier ließe Gott sein Wesen erken-

---

119 Vgl. Jüngel, Das Evangelium von der Rechtfertigung, 2006, 78: „Indem die Sünde und das Böse innerhalb der Rechtfertigungslehre thematisiert werden, ist das *erste*, was mit dieser Ortsangabe entschieden ist, die Notwendigkeit, das Wesen bzw. Unwesen der Sünde und des Bösen aus dem *Gottesbeziehung* zu bestimmen."

120 Jüngel und Pannenberg haben aufgrund ihrer unterschiedlichen methodischen Ansätze des Öfteren kritisch aufeinander Bezug genommen. Insbesondere die Frage nach der Ausweisbarkeit der Wirklichkeit Gottes – was letztlich auch eine Rede von der Wirklichkeit des Menschen mit einschließt – stellt ein fortdauerndes Gesprächsfeld zwischen den beiden Theologen dar. Dadurch ist es jedoch auch möglich tiefer in die jeweiligen Vorstellungen der beiden Theologen vorzudringen um so ein adäquates Bild von den verschiedenen Offenbarungsvorstellungen zu erhalten. Vgl. etwa zu Jüngels Offenbarungsverständnis: Jüngel, Gott als Geheimnis der Welt, 2010, 20, Anm.6: „Mir leuchtet nicht ein, daß man dem 'Anspruch auf intellektuelle Ernsthaftigkeit' besser genügt, wenn man die anthropologische Relevanz der Rede von Gott zunächst einmal *remoto deo* erweisen zu können meint. […] Pannenberg erklärt treffend und schön: 'Die Wirklichkeit Gottes, auf die der Mensch in der Struktur seiner Subjektivität verwiesen ist, begegnet erst, wo er im Zusammenhang seiner Welt in der Erfahrung der Freiheit sich selbst geschenkt wird' (aaO, 27). Dann begegnet Gott aber erst da, wo er als Schenkender sich zu erfahren gibt. Genau das nenne ich Offenbarung."

121 Mit diesem Ausgangspunkt steht Jüngel in der Tradition der *theologia crucis*, die von Luther in der Auseinandersetzung mit dem Humanismus und der Scholastik geprägt wurde um die Theologie Wittenbergs von jener abzugrenzen. Vgl. hierzu Lohse, Theologie Luthers, 1995, 51: „Die 'Theologia gloriae' will Gott auf Grund seiner Schöpfung erkennen. Die 'Theologia crucis' hingegen sieht in dem Versuch einer Gotteserkenntnis von der Schöpfung her eine Bemühung, abgesehen von der Sünde und dem göttlichen Gericht zu Gott zu gelangen; ihrerseits hält sie sich allein an das Kreuz, wo Gott sich zugleich verbirgt und offenbart."

122 Vgl. Jüngel, Gott als Geheimnis der Welt, 2010, Vorwort zur ersten und zweiten Auflage, X: „Nicht aufgrund allgemeiner anthropologischer Bestimmungen Gottes Denkbarkeit zu demonstrieren, sondern aufgrund des zur Gotteserfahrung führenden Ereignisses der Selbstmitteilung Gottes sowohl diesen als auch den Menschen zu denken und so die christliche Wahrheit allein aus ihrer inneren Kraft heraus in ihrer allgemeinen Geltung als die eine Wahrheit zu erweisen – das ist das Ziele des in diesem Buch eingeschlagenen Denkweges."

nen, das Liebe sei.[123] Damit ist alles verhältniswidrig und sündhaft zu nennen, was im Widerspruch zur Liebe Gottes steht, wie sie sich im Kreuzesgeschehen erwiesen hat.

JÜNGEL versteht des Weiteren das Rechtfertigungsgeschehen als ein Wortgeschehen. Das Spezifische an diesem Wortgeschehen ist, dass Mitteilung und Mitteilender identisch sind.[124] Daher ist das Evangelium von der Rechtfertigung des Gottlosen einerseits als ein Geschehen der Selbstmitteilung Gottes und andererseits als Partizipation des empfangenden Geschöpfes am göttlichen Sein zu verstehen. Wie dieses göttliche Sein, an dem der Mensch teilhaben soll, zu beschreiben ist, versucht JÜNGEL durch Explikation der trinitarischen Gotteslehre zu klären.

Die Konstitution des göttlichen Seins wird hierbei aus einer trinitätstheologischen Reflexion heraus als *gemeinschaftliches Sein* bestimmt. Der im Evangelium implizite trinitarische Gottesbegriff erweist sich so als Erkenntnisgrundlage, von der aus alles *integere* Sein als Zusammensein zu qualifizieren ist.[125] Lässt sich die Güte des Seins auf das Sein Gottes zurückführen, so muss das korrupte Sein die partielle oder totale Pervertierung der Seinsstruktur dem Wesen nach widerspiegeln.

Im trinitarischen Gottesbegriff finde sich des Weiteren die ungebrochene Vollkommenheit des Seins überhaupt, der eine kommunikative Konkretion als Grundakt gegenseitiger Bejahung entspräche.[126] Das verhältniswidrige Verhalten des Menschen beginnt dann, laut JÜNGEL, nicht mit einem bloßen *Nein* zu Gott, sondern zunächst mit einem falschen *Ja* des Geschöpfes zu seinem Schöpfer.[127] Dieses falsche *Ja* des Geschöpfes müsse genauerhin als ein verlogenes *Ja* verstanden werden, da es sich der vorgefundenen guten und wahrhaftigen *Realien* bediene, diese aber zugleich pervertiere. Sünde ist daher nichts Eigenständiges, sondern hat parasitäre Wesenszüge. In der Theologiegeschichte hat sich hierfür die Rede von der *privatio boni et veri* etabliert, die aufgrund der wesensmäßigen

---

123 Vgl. a.a.O., 447: „Denn in dieser Identifikation vollzieht sich das Sein Gottes als Liebe."
124 Vgl. JÜNGEL, Das Evangelium von der Rechtfertigung, 2006, 172: „Das Wort wird zum Ereignis der Selbstmitteilung, der Selbsterschließung, der Selbstoffenbarung."
125 Vgl. a.a.O., 88: „Das göttliche *Sein* ist von Ewigkeit zu Ewigkeit *Zusammensein, Aufeinanderbezogensein, gemeinschaftliches Sein* und als solches *gut*. Und eben dies gilt in analoger Weise auch für das Geschöpf."
126 Vgl. a.a.O., 89: „Gott der Vater, der Sohn und der Heilige Geist sind die drei göttlichen Personen des einen göttlichen Wesens, insofern sie sich gegenseitig bejahen: und zwar in ihrem gegenseitigen Anderssein sich gegenseitig bejahen."
127 Vgl. a.a.O., 90: „Man beachte: nicht mit einem abstrakten Nein zu Gott, sondern mit einem falschen Ja zu Gott beginnt das Böse. Das Zusammensein von Gott und Mensch wird da [...] zutiefst problematisiert, wo der Mensch [...] seinerseits *Gebender* zu sein beansprucht."

Identität von göttlichem Sein und Wahrheit auch als *privatio Dei* bezeichnet werden kann. Die Sünde nutzt zudem in der *imitatio veri* Wahrheit als Gewand, als Versteck, das die eigentliche Konsequenz ihres Wesens verbirgt.[128] Sünde hat daher einen kryptischen Wesenszug.

JÜNGEL spricht bezüglich der Konsequenz dieses verlogenen *Ja* von einem zerstörerischen *Nein*. Während sich dabei das verlogene *Ja* auf die schöpferische Souveränität Gottes beziehe, die es für sich selbst beanspruche, träte das zerstörerische *Nein* im Sinne einer auf die eigenmächtige Selbstbestimmung des Menschen folgenden Zerstörung der ursprünglich guten Seinsstruktur – gemäß des Wesens Gottes als „Zusammensein in gegenseitiger Bejahung" – in Gestalt der Vereinsamung auf.[129]

Es sind somit drei Wesenszüge der Sünde in der Konzeption JÜNGELS festzuhalten. Zum einen stellt die Sünde als *privatio boni* den geschöpflichen Versuch des Menschen dar, sich die Konstitution des Seins seiner Welt selbst zu geben. Zum anderen ist sie darin jedoch im Sinne der *privatio veri* nichts Eigenständiges, sondern hat parasitäre Wesenszüge. Schließlich verbirgt sie in der *imitatio veri* die Konsequenz ihrer Substanzlosigkeit, nämlich ihren Drang in die Beziehungs- und Verhältnislosigkeit. Wie lassen sich nun vor diesem konzeptionellen Hintergrund die traditionellen Begriffe Unglaube, Hochmut und Konkupiszenz beschreiben?

Der Mensch lebt nicht aus sich selbst heraus! Dies könnte als Kernaussage über den Ausführungen JÜNGELS stehen. Wo er dies doch versucht, gerät seine ganze Attitüde ins Ungleichgewicht. Dieser Versuch ist *privatio Dei*. Hierin wirkt die Lüge der Sünde, welche die Unmöglichkeit des Wie-Gott-Seins als reale Alternative zur geschöpflichen Faktizität menschlichen Daseins erscheinen lässt. Daher kann der Unglaube mit der Lüge gleichgesetzt werden und quasi als Glaube an die Unwahrheit umschrieben werden.[130] Unglaube ist Widerspruch gegen die Wahrheit und damit Misstrauen gegen das Gute schlechthin.[131]

---

128 Vgl. a.a.O., 96: „In ihrer Urgestalt als Unwahrheit und Lüge ist die Sünde die *Imitation*, die Nachäffung des Wahren, des Verläßlichen und des Guten. […] Denn jede Gestalt, die die Sünde annimmt, ist nur *Fassade*, hinter der sich das Unwesen der Sünde als privatio veri et boni verbirgt."

129 Vgl. a.a.O., 118: „Indem der Mensch aber seinerseits nach göttlichem Sein giert, verfehlt er, was sein 'höchstes Gut' ist: nämlich das *Zusammensein* mit Gott. […] Er ersetzt die Güte des Zusammenseins mit Gott durch den Schrecken der einsamen Existenz eines selbstsüchtigen Wesens, die er in seinem Wahn für die göttliche Existenz des göttlichen Wesens hält".

130 Vgl. a.a.O., 115: „Als menschlicher Akt ist die Sünde der actus contrarius des Glaubens. Und das heißt: die Unwahrheit der Sünde ist konkret in der Gestalt des Unglaubens."

131 Vgl. a.a.O., 118: „Der Unglauben ist immer Mißtrauen gegen das Gute: gegen die Güte Gottes und eben damit auch schon gegen die Güte des eigenen Seins."

JÜNGEL definiert den Unglauben des Weiteren als einen Teufelskreis von Gier und Misstrauen. Hier wird auch seine Auffassung der Konkupiszenz als Implikation des Unglaubens ersichtlich. Im Misstrauen gegenüber der Güte Gottes entwickelt der Mensch eine Gier danach, selbst Gott sein zu wollen. Die treibende Kraft hinter dem Misstrauen ist die Unterstellung, dass Gott dem Menschen Gutes vorenthalten würde.[132]

Ein weiterer Aspekt des Unglaubens ist, nach JÜNGEL, die Gier, gut und böse unterscheiden zu wollen und sich auch hierin wie Gott zu erweisen.[133] Durch diese Gier, zwischen gut und böse selbst unterscheiden zu wollen und eben auch hierin Gott seiner Gottheit berauben zu wollen, entwickelt sich, laut JÜNGEL, der Hochmut, in welchem die ganze Verhältniswidrigkeit des in seiner Lebenslüge verstrickten Sünders zum Ausdruck komme.[134] Am Deutlichsten erzeige sich der Unglaube als *Schuld* unter dem Begriff der Undankbarkeit gegenüber der Güte Gottes und darin auch immer gegen die Gaben und Werke Gottes.[135] Als weitere Gestalt des Unglaubens benennt JÜNGEL schließlich die Sprachlosigkeit gegenüber Gott als die passive Seite des Dranges in die Beziehungslosigkeit.[136]

V.4.1. Fazit

Charakteristisch an den Ausführungen JÜNGELS ist, dass der Unglaube konsequent als Überbegriff von Konkupiszenz und Hochmut ausgeführt wird. Unglaube als menschliche Lebenslüge ist von Misstrauen und Gier einerseits, Hochmut und

---

132Vgl. a.a.O., 118f: „Der Unglaube hat sowohl im Akt des Mißtrauens gegen Gott, wie im Akt der Gier, Gott gleich werden zu wollen, den Charakter des Unglaubens gegenüber der *Güte* Gottes, als des Gebers aller guten und vollkommenen Gabe." Die Unterstellung hat jedoch außermenschlichen Ursprung: die Schlange als Versinnbildlichung der Natur?

133Jedoch stünde der Sünder unter dem Paradoxon, dass er, würde er tatsächlich recht zwischen gut und böse unterscheiden, sich selbst das Todesurteil zusprechen müsste. Denn, wie bereits weiter oben erörtert, stellt kein menschliches, sich von Gott als dem Schöpfer emanzipierendes Gebaren eine wirkliche Schöpfungsalternative dar. Somit müsse sich der Sünder immer weiter in seine Lebenslüge verstricken, in der er zwar beanspruche, zwischen gut und böse zu unterscheiden, im Endeffekt jedoch seinem eigenen Selbstwiderspruch unterliege. Vgl. a.a.O., 119: „Er [der Mensch] müsste folglich sich selbst immer als böse identifizieren, wenn er zwischen gut und böse unterscheidet. Eben das aber kann er nicht. Denn es würde ihn töten."

134Vgl. a.a.O., 120: „In seiner von Mißtrauen genährten Konkupiszenz erhebt sich der Mensch über das Verhältnis Gottes zu ihm, über das Verhältnis, in dem Gott ihm gnädig ist und sich zu ihm herabläßt. Indem der Sünder sich über dieses Verhältnis Gottes zu ihm erhebt, erhebt er sich aber zugleich über seine Verhältnisse überhaupt, lebt er so sehr über seine Verhältnisse, daß er eben damit zu Fall kommt."

135Vgl. a.a.O., 121: „Der Undank des Unglaubens macht [...] überaus deutlich, daß der Unglaube als Schuld gegenüber Gott das Schuldigwerden an den Mitgeschöpfen und das Schuldigwerden an sich selbst zur Folge hat."

136Vgl. a.a.O., 124: „In der Sprachlosigkeit erleidet der Sünder die ganze Substanzlosigkeit und Haltlosigkeit seiner Sünde."

Fall andererseits gekennzeichnet. Unglaube wird somit durch zwei unterschiedlich akzentuierte *circuli vituosi* veranschaulicht, die auf je eigene Weise das Gottes-, Selbst- und Weltverhältnis beschreiben. Dem Ganzen liegt der Charakter der Sünde als *privatio Dei* zugrunde.

Durch die Qualifikation menschlicher Verhältniswidrigkeit als verlogenem *Ja* lässt sich die Erscheinung der Sünde noch exakter herausstellen als durch deren Charakterisierung als bloße Ablehnung des nach und von Gott geordneten Seins. Denn die kreative Lebensgestaltung des Menschen hat immer schon Voraussetzungen im Werk des Schöpfers, so dass kein menschliches Gebaren als eine vollends autonome Alternative zum göttlichen Schöpfungsakt aufgefasst werden kann und erst recht nicht als dessen völlige Negation. Menschliches Verhalten ist daher immer schon ein Verhalten zu etwas Vorgefundenem und insofern immer ein *Ja*. Hier könnte sich m.E. eine Vermittlung mit Pannenbergs Versuch, das menschliche Streben ins Offene und Unendliche anhand des Nachweises der kulturellen Kreativität menschlicher Lebensbewältigung als *iteratio ad infinitum* zu beschreiben, anbieten, um den Modus des menschlichen *Ja* genauer zu charakterisieren.[137]

Die Explikation des göttlichen Wesens als wechselseitigen Beziehungszusammenhang und gegenseitige Bejahung der Andersheit stellt m.E. das zentrale Grundaxiom Jüngels zur hermeneutischen Erschließung der Wirklichkeit und des Wesens der Sünde dar.[138] Den Prädikaten des dreieinigen Gottes, dem Schöpfer, Versöhner und Vollender, stehen die drei Wesenszüge der Sünde, die *privatio boni*, die *privatio veri* und die *imitatio veri* gegenüber. Sünde ist somit auf den Raub der göttlichen Kreativität, den Raub versöhnender Wahrheit und der Nachahmung der Vollendung gerichtet. So spiegelt sich in jeder Gestalt der Sünde der Unglaube als *privatio Dei* wider. Ein Räuber ist zugleich auch ein Gierender. Hochmut als Selbstüberhebung kommt aus der Konkupiszenz; diese *lebt* vom Misstrauen gegen die Güte Gottes; Misstrauen *lebt* vom Betrug der Sünde.

---

137 Vgl. hierzu Kapitel V.2. der vorliegenden Arbeit.
138 Im trinitarischen Gottesbegriff findet Jüngel sowohl den Zuspruch Gottes an den Menschen, der sich der Beständigkeit seines liebenden, gnädigen Schöpfers sicher sein kann, als auch den Anspruch Gottes, da der Mensch zur Entsprechung dieses göttlichen Seins in seinem gesamten Lebensvollzug auf-gerufen ist. Gewiss kann und soll dies nicht bedeuten, dass nun der Mensch von sich aus ein Wesen sein solle, das mit dem göttlichen Wesen zu identifizieren wäre, das wäre absurd. Vielmehr soll er sich in der strukturellen Ausrichtung seiner Lebensführung immer wieder der ureigenen geschöpflichen Grundlage und Struktur des Lebens und des Seins mit allen dazugehörigen Funktionsweisen und Realitäten, wie sie ihm durch den geoffenbarten trinitarischen Gottesbegriff als auf Gemeinschaft ausgerichtetes Sein dargelegt sind, vergewissern und gemäß dieser Erkenntnis sein Leben gestalten.

VI. Die Frage nach der Schuld

Der theologische Begriff der Sünde hat immer auch mit persönlicher Schuld zu tun, und zwar Schuld des Menschen vor Gott.[139] Im Leben jedes Menschen kommt es wiederholt zu Situationen, aus denen ein Verhalten resultiert, das als schuldhaft erfahren wird. Schuld lässt sich konkretisieren als die Verantwortung für ein Verhalten, das lebenszerstörerische Folgen nach sich zieht und hätte vermieden werden können. Wie aber steht es mit der Schulderfahrung des Menschen, die er in seinem Alltag macht, im Vergleich zum theologischen Schuldbegriff?

PANNENBERG unterscheidet juristisch zunächst zwischen objektiver und subjektiver Schuld. Der objektive Schuldbestand sei dort gegeben, wo eine Handlung einer allgemein anerkannten Norm zuwider läuft. Dieser Schuldbestand sei unabhängig von der subjektiven Anerkennung dieser Norm. Würde jedoch diese Handlungsnorm durch das Subjekt einer Handlung als Maßstab ethischen Handelns anerkannt, so müsse bei Zuwiderhandlung auch von subjektiv-persönlicher Schuld gesprochen werden.[140] D.h., dass bei einer resultativen Übereinstimmung zweier normwidriger Handlungen trotzdem nicht zugleich auch von ein- und demselben Schuldmaß der Handlungssubjekte ausgegangen werden kann.

Während im Kapitel über die Frage nach der natürlichen Sündenerkenntnis von der Erkenntnismöglichkeit einer defizitären Selbsterfahrung des Menschen ausgegangen werden konnte, war dies für sein Gottesverhältnis nicht zu verifizieren. Wenn nun aus theologischer Sicht die Sünde immer auch als persönliche Schuld vor Gott gedacht werden muss, dann müsste auch für eine natürliche Schulderkenntnis Analoges gelten.[141] Zwar ist mit einer Erkennbarkeit von persönlicher Schuld im Weltverhältnis des Menschen, das sich in der Tätigkeit konkretisiert, und auch im Selbstverhältnis, das sich als Motivation konkretisiert, zu rechnen. Doch wird dies für das Gottesverhältnisses – wenn überhaupt – nur eingeschränkt vorstellbar sein.[142] Erst durch die Identifikation Gottes

---

139 Vgl. JÜNGEL, Das Evangelium von der Rechtfertigung, 2006, 121: „Christliche Lehre von der Sünde darf den *Schuldcharakter* der Sünde auf keinen Fall unterschlagen."

140 Vgl. PANNENBERG, Systematische Theologie, Bd. II, 1991, 300.

141 Vgl. JOEST, Schuld erkennen – Schuld bekennen, 1996, 17: „Daß wir vor Gott ganz und gar Sünder und in Schuld sind, das sagt uns nicht eigene Einsicht, sondern Gottes Wort. Wir können es nur auf dieses Wort hin glauben und in solchem Glauben bekennen, auch wenn unser subjektives menschliches Selbstgefühl das nicht faßt."

142 JOEST spricht in diesem Zusammenhang bspw. von einer Ahnung von Schuld vor „Unbekannt". Vgl. *Ders.*, Dogmatik, Bd. II, 1993, 417: Demnach könne auch außerhalb der bewusst gelebten Gottesbeziehung ein „Ahnen dessen [aufbrechen], daß ich mit meinem ganzen Leben vor 'Unbekannt' schuldig bleibe."

mit der *natura humana*, wie es die Lehre von der Inkarnation beschreibt, kann eine lebenszerstörerische Tat gegen Andere oder gegen sich selbst als Aggression gegen Gott verstanden werden.

Zudem vollzieht sich menschliches Dasein in der Dialektik von Täterschaft und Opferschaft. Der Mensch ist zugleich als Opfer der Sünde, die er immer schon vorfindet, und als Täter der Sünde, indem er sein Sein als Sündersein immer wieder durch seine diesem Sein entsprechenden Taten befestigt und bejaht, Verantwortlicher und Gefangener.[143]

Aufgrund dieser Gefangenschaft äußert sich die Erfahrung, die der Mensch in seinem alltäglichen Fehlverhalten macht, nicht nur als Schuld, sondern in besonderem Maße auch im Sinne einer leidvollen Ohnmacht, der der Mensch nichts entgegen zu setzen vermag. Darum ist der defizitäre Zustand des Menschen für ihn selbst eigentlich nicht als prinzipielle und radikale Schuld zu begreifen, da er ja vermeintlich nichts daran ändern kann. Trotzdem bejaht der Mensch seinen Zustand, indem er ihm in seinen Taten entspricht.[144] Dass der Mensch jedoch nicht so bleiben muss, wird ihm erst durch die reale Alternative zu seinem Sein ersichtlich. Diese Alternative zu einem Sein in Gefangenschaft in Sünde und Schuld muss als Freiheit von Sünde und Schuld beschrieben werden.

Diese Alternative ist allein in der Offenbarung Gottes in Jesus Christus greifbar und in der in ihr feststehenden Zusicherung der Vergebung der Sünde des Menschen und der verheißenen Auferweckung der Toten zu einem Leben ohne Sünde. Nur durch diese Zusicherung vermag es der Mensch, sich Gott *anzuvertrauen*. Nur durch die Eröffnung dieser Alternative zu seinem sündigen Dasein im Sinne der barmherzigen und bedingungslosen Vergebung seiner Sünde ist Teilhabe des Menschen an sündlosem Sein, was Zusammensein mit Gott bedeutet, denkbar. Nur da, wo die Möglichkeit, die reale *Möglichkeit solcher Freiheit* greifbar ist, kann der Mensch die Erfahrung des Zurückbleibens hinter seiner geschöpflichen Bestimmung als eigene Schuld vor Gott begreifen lernen.[145] JÜNGEL war von

---

143 Vgl. JÜNGEL, Das Evangelium von der Rechtfertigung, 2006, 97: „Das Verständnis der Sünde als einer Böses anrichtenden Macht bringt die Einsicht zur Geltung, daß der Sünder von der Sünde *beherrscht*, daß er ein *Knecht* der Sünde ist. […] Das Evangelium als ratio cognoscendi der Sünde macht jedoch klar, daß das theologisch Entscheidende und Bedeutsame an der Sünde *der Sünder* ist. […] Insofern zielt die theologisch verantwortliche Rede von der Sünde auf das *Sündenbekenntnis*."

144 Vgl. PANNENBERG, Systematische Theologie, Bd. II, 1991, 301: „Und dieses Faktum des willentlichen Vollzuges genügt, ihn schuldig zu machen."

145 Vgl. HÄRING, Das Problem des Bösen, 1985, 127: „Von Schuld kann nur gegenüber einem *unbedingten Bezugspunkt*, von Freiheit nur aus einer unbedingten Hoffnungsperspektive ge-

der Notwendigkeit des Evangeliums als ein den Sünder in seinem Sündersein wahr- und freimachendes Wort Gottes für die Möglichkeit *echter* Sündenerkenntnis ausgegangen. Da Sünde und Schuld theologisch eine Einheit bilden, muss Analoges auch für die Erkenntnis der eigenen Schuld vor Gott gelten.

Darum muss sich die Erkenntnis der Sünde als Schuld vor Gott aus der Freiheit herleiten, die Gott in seinem bedingungslosen Versöhnungswillen in Jesus Christus schenkt und dadurch den Menschen die Wahrheit über sein Dasein und zugleich über sein Mitsein mit ihm kundtut.[146] Freiheit und Wahrheit bedingen demnach einander, wenn es um die Erkenntnismöglichkeit der eigenen Schuld vor Gott geht.[147] Die Bedingungslosigkeit der Gnade Gottes setzt eben gerade das Vertrauen bzw. den Glauben des Menschen nicht notwendig voraus, sondern ermöglicht genau umgekehrt durch die Garantie der Bedingungslosigkeit ein festes und unerschütterliches Vertrauen. Dieses Vertrauen allein kann den Menschen aus seiner Ichbezogenheit und Ichgefangenschaft befreien und so wieder zur Gottesliebe befähigen, was Freisein von Sünde ausmacht. Ist dem Menschen seine Schuld vergeben, dann hat er keine Entschuldigung mehr, in seiner Schuld *hängen* zu bleiben.

Somit ist die durch die Bedingungslosigkeit im Gnadengeschenk Gottes gewährte Freiheit des Menschen der wirkliche Er- und Bekenntnisgrund von persönlicher Schuld vor Gott. Von einer vollkommenen Identität defizitärer Selbsterfahrung und Schuld vor Gott in der Wahrnehmung des Menschen kann nur mittels Offenbarung gesprochen werden.[148] Für den Menschen, dem keine Offenbarung zuteil geworden ist, kann daher nicht oder zumindest nur eingeschränkt von einer Erkenntnis des Zusammenhanges seines Zustandes mit persönlicher Schuld ge-

---

sprochen werden. [...] Der unbedingte Bezugspunkt des Schuldbekenntnisses und der Freiheitshoffnung kann nur in Gott liegen."

146 Vgl. JOEST, Schuld erkennen – Schuld bekennen, 1996, 21: „Gerade an Gottes bedingungslos freisprechender Gnade wird unsere Selbstrechtfertigung und Selbstgerechtigkeit ins Unrecht gesetzt und als solches erkennbar, erst recht unser gnadenloses Urteilen über andere (Jesu Gleichnis vom Schalksknecht stellt das unübersehbar vor Augen)."

147 Vgl. JÜNGEL, Erfahrungen mit der Erfahrung, 2008, 72: „Zwischen Wahrheit und Freiheit herrscht ein Konstitutionszusammenhang."

148 Sünde kann ja als ein defizitärer Zustand des Menschen durchaus ohne die Notwendigkeit einer Offenbarung dem Menschen erfahrbar sein. Wenn jedoch eine prinzipielle Identität von Sünde und Schuld angenommen wird – und aus theologischer Perspektive angenommen werden muss – dann ist diese defizitäre Selbsterfahrung nicht mit Schulderkenntnis vor Gott gleichzusetzen. Es wurde im Kapitel über die Sündenerkenntnis in ähnlichem Zusammenhang auf die Notwendigkeit des Glaubens an die Inkarnation zur Erkenntnis der Sünde vor Gott hingewiesen. Auch hier hat nun die Identifikation Gottes mit der *natura humana* ‚wie die Lehre von der Inkarnation sie ausdrückt, dieselbe hermeneutische Funktion. Vgl. Kapitel IV. der vorliegenden Arbeit.

sprochen werden. PANNENBERG ist zuzustimmen, wenn er von einer grundsätzlichen Identität der defizitären Selbsterfahrung des Menschen mit dem theologischen Begriff der Sünde ausgeht. Dennoch ist diese Identität erst im Lichte der Offenbarung erkennbar und analog dazu als Schuld vor Gott feststellbar. Sie ist vorher allenfalls, um mit JOEST zu sprechen, im Sinne einer Ahnung der Schuld vor „Unbekannt" vorstellbar, was jedoch mit gewisser Zweideutigkeit einhergeht.

Die Einsicht in die persönliche Schuld für seinen defizitären Zustand ist dem Menschen also nur durch die ihm im vollendenden Heilswirken Gottes eröffnete Freiheit gewährt. Aus dieser eschatologischen Sicht, die in der Auferstehung Jesu antizipiert ist, kann dann auch sein unvollendeter Zustand als sündig und schuldhaft für ihn *akzeptabel* werden. Denn „erst in dieser *Retrospektive* wird die Universalität der Sünde erkennbar, 'das Urteil der Schuld und Mitschuld an diesem Zustand den Individuen zumutbar und annehmbar'."[149]

VI.1. Fazit

Auffällig in diesem Kapitel war die analytische Affinität zum Kapitel über die Frage nach der natürlichen Erkennbarkeit von Sünde. Hieraus lässt sich schließen, dass die Erkennbarkeit von Sünde und persönlicher Schuld vor Gott denselben Bedingungen unterliegen. Dies ist u.a. in der hermeneutischen Funktion der Lehre von der Inkarnation – im Sinne einer Identifikation Gottes mit der *natura humana* – für eine plausible Veranschaulichung der Simultaneität des Schuldigwerdens in den drei Verhältnisbestimmungen menschlichen Daseins evident.

Diese Simultaneität besagt: Wer an sich selbst schuldig wird, der wird auch an dem sich mit ihm identifizierenden Gott schuldig. Wer sich am Mitmenschen schuldig macht, der macht sich zugleich auch an dem sich mit diesem Mitmenschen identifizierenden Gott schuldig. Zwar kann für das Verhältnis zur nicht humanen Schöpfung nicht direkt die Inkarnationslehre herangezogen werden. Doch ließe sich m.E. aus schöpfungstheologischer Sicht auch die nicht humane Schöpfung aufgrund ihrer Partizipation am menschlichen Heils- bzw. Unheilsgeschehen (Röm 8,1ff) indirekt auch in die hermeneutischen Schlussfolgerungen aus der Inkarnationslehre mit einbeziehen.

---

149 PANNENBERG, in: HÄRING, Das Problem des Bösen, 1985, 128.

VII. Die Frage nach dem Zusammenhang von Sünde und Tod

Paulus war in seiner Darlegung zur Universalität menschlicher Sündenverfallenheit von der Universalität des menschlichen Todesgeschicks ausgegangen.[150] Da alle Menschen den Tod erleiden, muss daraus gefolgert werden, dass alle Menschen dies aufgrund ihrer Sünde auf sich nehmen müssten. Die Sünde wurde demnach von Paulus als die Ursache für den Tod des Menschen aufgefasst. Aus dieser Behauptung folgt notwendig, dass der Tod in der paulinischen Theologie eine gänzlich negative Konnotation innehat. Zwar kann Paulus auch vom Sterben in eher positiver Weise sprechen, – was in der Theologie des 18. Jahrhunderts als Legitimation einer Psychologisierung der Todesdeutung gesehen wurde – doch, wie PANNENBERG gezeigt hat, hängen derartige Aussagen mit der in Jesu Auferstehung begründeten christlichen Hoffnung zusammen.[151] Diese machte zuallererst möglich, das Sterben nicht als Abbruch des Lebens zu deuten.

Die christliche Hoffnung baut auf die von Gott in der Auferstehung Jesu Christi begründeten Zuversicht auf ein ewiges Leben. In der Theologiegeschichte entwickelten sich im Laufe der Zeit verschiedene Modelle, mit denen die Wirklichkeit dieses ewigen Lebens zum Ausdruck gebracht werden sollte. Hierfür kommen im Grunde zwei verschiedene Wege in Betracht, auf denen dieses versucht wurde.

Zum einen gab es in Rezeption der griechischen Philosophie den Versuch, die postmortale Existenz als ein Fortbestehen der menschlichen Seele zu begreifen. Hierfür wird die Unabhängigkeit der menschlichen Seele vom menschlichen Leib angenommen.[152]

Die Idee einer unsterblichen Seele nimmt ihren wirkungsgeschichtlichen

---

150 Vgl. Röm 5,12: „Deshalb, wie durch **einen** Menschen die Sünde in die Welt gekommen ist und der Tod durch die Sünde, so ist der Tod zu allen Menschen durchgedrungen, weil sie alle gesündigt haben."

151 Vgl. PANNENBERG, Systematische Theologie, Bd. II, 1991, 308: „Zum Erweis der biblischen Legitimität der Annahme eines nur psychologischen Zusammenhangs zwischen der Sünde und dem Tod als Sündenfolge hat man auf das Auftreten anderer Wertungen des Todes in den biblischen Schriften verwiesen. [… Doch] ist dieser Folgezusammenhang durch die Auferstehung Jesu und durch die Verbindung der Christen mit dem Sterben dessen, der in seinem Sterben den Tod besiegt hat (Röm 6,5ff.), in einen anderen Rahmen gerückt und daher in seiner Bedeutung verändert worden, weil der Tod nun nicht mehr das definitive Ende der menschlichen Person ist (vgl. Röm 7,6)."

152 Vgl. a.a.O., 305: „Die Auffassung des leiblichen Todes als Trennung der Seele vom Leibe (vgl. Platon Georg. 524 b 3f., Phaid. 67 d 3f., 88 b 1f.) findet sich schon bei Tertullian (De an. 51,1, vgl. 52,1) und Klemens von Alexandrien (Strom. VII,71,3), der aber anders als Tertullian diesen leiblichen Tod als 'natürlich' bezeichnete (Strom. IV,12,5 vgl. III,64,2) und ihn ihm dem Tode der Seele entgegensetzte, der in der Sünde (III,64,1) und Unkenntnis des Vaters (V,63,8) bestehe und die Seele von der Wahrheit trenne (II,34,2)."

Anfang in der Philosophie Platons. Hier wurde die Unsterblichkeit der Seele auf grund ihrer ontologischen Identität mit dem Reich der Urbilder begründet, denen Ewigkeitsqualität zugesprochen wurde.[153]

Die Auffassung einer unsterblichen Seele, die als körperlose Entität aufgefasst wird, steht jedoch dem biblischen Zeugnis vom Wesen des Menschen entgegen. Die Seele als Lebensprinzip und Lebensindikator ist dort unabdingbar auf die Zugehörigkeit zu einem Leib angewiesen. Bereits im jahwistischen Schöpfungsbericht ist die Scheidelinie zwischen belebter und unbelebter Materie in dem Geisthauch Gottes begründet. Der Odem Gottes wird daher als die das Leben initiierende und gewährleistende Kraft aufgefasst, ohne deren Gegenwart kein Leben denkbar ist. PANNENBERG schreibt dem sprachlichen Begriff des Lebens daher eine ursprünglich religiöse Konnotation zu und präzisiert den Zusammenhang von Leben und Gott im Sinne einer schöpfungstheologisch begründeten Kohärenz, um im Anschluss den Tod als Gegensatz zum Leben vor dem Hintergrund der Zusammengehörigkeit von Leben und Gott als Trennung von Gott zu begreifen.[154] Er dürfe demnach nicht auf den rein biologischen Zersetzungsprozess organischer Moleküle reduziert werden. Trotzdem entsteht genau an diesem Punkt das zu klärende Problem, das in der aus biologischer Sicht notwendigen Endlichkeit organischen Lebens begründet ist.

Diese Notwendigkeit eines endlichen organischen Lebens hängt u.a. mit dem Fortdauern der Reproduktion der Lebensformen und der Begrenztheit von Lebensraum zusammen.[155] Wenn Gott der Gott des Lebens ist und zugleich der Schöpfer dieser Welt, dann ergibt sich im Hinblick auf die Notwendigkeit eines endlichen organischen Daseins die Erklärungsbedürftigkeit für die Art und Weise

---

153Die Herkunft der Seele aus dem Reich der Urbilder wurde bspw. durch die didaktische Methode der Maieutik behauptbar. Hier wurde mittels einer Reihe von Fragen das Wissen um einen Sachverhalt eines speziellen Fachgebiets vermittelt. Da in dieser Technik scheinbar ohne *positiv*-dozierende Formen der Wissensvermittlung trotzdem Wissen angereichert werden konnte, war es möglich, diese Wissensanreicherung als eine Erinnerungsleistung der Seele aufzufassen, die sich ihrer wesenhaften Heimat im Reich der ewigen Urbilder erinnere.

154Vgl. PANNENBERG, Tod und Auferstehung, 1980, 171: „Alles Leben ist Wirkung des göttlichen Odems, Schöpfung seines Geistes. [...] Der Auffassung des Lebens als Wirkung des göttlichen Geistes und als Teilhabe am göttlichen Geist entspricht das Verständnis des Todes. Der Tod ist nicht einfach ein Aufhören organischer Funktionen. Sein eigentliches Wesen ist Trennung von Gott."

155Vgl. *Ders.*, Systematische Theologie, Bd. II, 1991, 310: „Die Evolution des Lebens ist ohne den Tod der Individuen nicht vorstellbar." Dieser Gedanke stellt insbesondere durch die sich anbahnende Überbevölkerung des Planeten für das gegenwärtige Bewusstsein im Gegensatz zum antiken einen leicht annehmbaren Zugang zum Problem dar.

eines ewigen Lebens, das dem Christusgläubigen verheißen ist.[156] Die Frage ist daher dahingehend zu präzisieren, ob es ein von Gott gesetzten und gewollten menschlichen Tod gibt, der trotz seiner Faktizität und Notwendigkeit einer Verheißung ewigen Lebens nicht widerspricht und damit den Menschen nicht von Gott trennt.

Eine Antwort wurde besonders im Gefolge Paul Tillichs und Barths in der Vorstellung einer Unterscheidung von natürlichem und Gerichtstod gesucht.[157] Demgemäß wurde der natürliche Tod des Menschen als eigentliche geschöpfliche Bestimmung angesehen, welcher der Fluch- oder Gerichtstod als widernatürliche Gestalt entgegenstand. Dieser letzteren Gestalt des Todes entspricht in den Ausführungen von den Vertretern dieses Lösungsansatzes ein gewaltsamer Abbruch menschlicher Lebensgeschichte und eine Trennung von Gott. Er wird als ein Sterben bezeichnet, das der Mensch nicht sterben könne, aber aufgrund seiner Sünde sterben müsse und damit wird er einem dem Menschen prinzipiell möglichen gottgewollten Sterben im Sinne einer Vollendung seiner irdischen Existenz gegenübergestellt.[158]

Pannenbergs Kritik setzt hier an. Zwar hält er ebenfalls die Notwendigkeit der Endlichkeit geschöpflichen Lebens als Geschöpflichkeit schlechthin bedingende Unterscheidung vom Schöpfer für unausweichlich. Doch wehrt er der Akzeptanz des Todes als wesentlichen Bestandteil geschöpflicher Bestimmtheit.[159] Insofern müsste also die Antwort auf die oben formulierte Frage nach einem prinzipiell gottgewollten Tod des Geschöpfes nach Pannenberg verneint werden. „Wenn auch der verherrlichte Mensch der eschatologischen Hoffnung ein endliches Wesen bleibt, noch in dem unvergänglichen Leben der Totenauferstehung, dann gehört zur Endlichkeit nicht unausweichlich der Tod. Das bedeutet aber, daß die mit der Geschöpflichkeit gegebenen Endlichkeit des menschlichen Lebens nicht not-

---

156 Vgl. a.a.O., 172: „Eine Theologie des Todes steht vor der Aufgabe, das anscheinend Unvereinbare zu vereinen: Die Gottverbundenheit des Frommen und die Unausweichlichkeit des Todes und die Trennung des Toten von Gott mit der Hoffnung auf ein neues Leben für die Toten." In: Pannenberg, Grundfragen systematischer Theologie, Bd. 2, 1980, 151.

157 Ebd.: „So haben besonders Paul Tillich und Karl Barth einen 'natürlichen' Tod, der zur Endlichkeit des Menschen gehört, von dem Gerichtstod unterschieden, der Ausdruck des göttlichen Zornes und der Trennung von Gott und Folge der Sünde ist."

158 Vgl. Jüngel, Tod, 1980, 101: „Der Tod könnte die Vollendung des Lebensverhältnisses sein. Das wäre der natürliche Tod, den der Mensch nicht nur sterben muß, sondern sterben kann."

159 Vgl. Pannenberg, Systematische Theologie, Bd. II, 1991, 310: „Gegen die Behauptung der Natürlichkeit des Todes wegen der Endlichkeit menschlichen Lebens gibt es […] ein durchschlagendes theologisches Argument: Die christliche Zukunftshoffnung erwartet ein Leben ohne Tod (1.Kor 15,52ff.)."

wendig einschließt, daß der Mensch stirbt."

Hier hinter steckt jedoch im Grunde auch schon wieder eine Unterscheidung, nämlich von Tod und Ende geschöpflicher Existenz.[160] Trotzdem ist in der Ablehnung der Behauptung einer Notwendigkeit des Sterbens ein echter Einwand gegen die These von einem prinzipiell gottgewollten Sterben des Menschen – und sei es das Sterben eines natürlichen Gnadentodes – zu sehen, der besonders für die Frage nach dem inneren Zusammenhang von menschlicher Sünde und Todesgeschick wichtig ist. PANNENBERG versteht die Endlichkeit des Geschöpfes als eine Begrenztheit am Ganzen seines irdischen Daseins und nicht als zeitliche Grenze der Icherfahrung des irdisch-zeitlichen Lebensprozesses.[161] Im Einspruch gegen Barth gehöre die Reversibilität der Zeitlichkeit im menschlichen Lebensbewusstsein nicht zur Geschöpflichkeit, sondern sei gerade Ausdruck der sündigen Ichbezogenheit menschlichen Daseins. Daher würde der Tod für das Ich des Menschen, das in seiner Ichbezogenheit und in seinem *amor sui* gefangen sei, als Vernichtung zu bestimmen sein.[162]

VII.1. Fazit

Zu fragen bleibt m.E. nach dem wirklichen Unterschied zwischen den Ausführungen PANNENBERGS und denen der Befürworter eines natürlichen Todes. JÜNGEL begreift den natürlichen Tod des Menschen im Grunde ähnlich wie PANNENBERG die Endlichkeit des Menschen auffasst. Einzig der biologische Tod wird bei JÜNGEL als geschöpfliche Eigenschaft im Gegensatz zu PANNENBERG beibehalten. Beide Theologen beziehen sich mit ihren Überlegungen auf denselben Begriff der Voll-

---

160 PANNENBERGS Äußerung zum Unterscheidungsdrang der Theologen wirkt ein wenig polemisch, was in Anbetracht seiner eigenen theologischen Arbeit jedoch auch als Selbstironie zu verstehen sein könnte. Vgl. *Ders.*, Tod und Auferstehung, 1980, 172: „Auf derart verwickelte Probleme [Vereinbarung von Notwendigkeit des Todes mit der Gottverbundenheit des Frommen] reagieren Theologen gern mit Unterscheidungen. Man verteilt die einander widersprechenden Züge säuberlich auf zwei verschiedene Begriffe und wird damit den Widerspruch los."
161 Vgl. a.a.O., 174: „Barth hat sie [Endlichkeit] als die Begrenztheit des in der Zeit ablaufenden Lebensprozesses aufgefaßt. So gesehen gehört allerdings zur Endlichkeit des Prozesses sein Ende und also der 'natürliche Tod'. Aber die Endlichkeit der Vollendeten, wenn 'dies Verwesliche wird anziehen Unverweslichkeit' (1.Kor 15,53), wird das *Ganze* unseres irdischen Daseins darstellen."
162 Vgl. hierzu a.a.O., 154: „Das müßte nicht so sein. Könnten wir als wir selbst, als das endliche Ganze unseres Daseins existieren, dann wäre das Ende als Moment in die Identität unseres Daseins integriert und würde ihm darum kein Ende setzen. [...] Das Ich hat sein Ende außer sich, und gerade darum ist es als Sein zum Tode bestimmt. Im Hinblick darauf behält das paulinische Wort vom Tod als Sold der Sünde seine Evidenz für den Tod überhaupt und nicht nur für einen besonderen Aspekt des Todes, der als Fluchtod vom 'natürlichen Tod' zu unterscheiden wäre."

endung in der Totenauferstehung. Beide Theologen bestimmen diese Vollendung als eine Verwandlung des irdischen Daseins. Mir scheint der einzige – aber gravierende – Unterschied in der Qualifikation des Todes im Zusammenhang mit der Endlichkeit geschöpflichen Daseins zu bestehen.

Jüngel unterscheidet zwar innerhalb der Todesthematik durchaus zwischen gottgewolltem und verfluchtem Ende, inkludiert jedoch beides im Todesbegriff. Damit ist der Tod als Trennung von Gott, wie es die biblischen Zeugnisse wiedergeben, nicht unzweideutig durchhaltbar. Der Tod wäre dann nur in gewisser Hinsicht und nicht ganz und gar Trennung von Gott und logische Folge von Sünde.

Daher liegt m.E. in der Vorstellung Pannenbergs vom Tod als Trennung von Gott – und somit immer als Fluch- oder Gerichtstod zu begreifender Tod – und von der Endlichkeit geschöpflichen Daseins, das auch ohne Tod zu denken ist, eine konsequente Schlussfolgerung aus dem materialen Befund vor.

Zudem kann sich Pannenberg mit seiner Unterscheidung von Endlichkeit und Sterblichkeit, auf die paulinische Vorstellung einer Verwandlung der Christusgläubigen bei der Parusie „in einem Augenblick", wie sie in 1. Kor 15,51 bezeugt ist, berufen. „Siehe ich sage euch ein *Mysterion*: Wir werden nicht alle entschlafen [Sterben im physisch-biologischen Sinne], wir werden aber alle verwandelt werden [Ende der irdischen Existenz]; und das plötzlich, in einem Augenblick, zur Zeit der letzten Posaune." Hier wird klar die Vorstellung eines Endes geschöpflichen Daseins ohne Tod, ohne das Entschlafen, dargestellt, die in der christlichen Hoffnung auf eine Vollendung der Gottesherrschaft in dieser Welt ihren Ausdruck findet.

VIII. Schlussbemerkungen

In der vorliegenden Arbeit sollte ein Einblick in die Problembereiche der neueren evangelischen Lehre von der Sünde ermöglicht werden. Hierzu wurde versucht, anhand der vier theologischen Konzeptionen von Paul TILLICH, Wolfhart PANNEN-BERG, Wilfried JOEST und Eberhard JÜNGEL die einzelnen Akzentuierungen, Schwierigkeiten und Lösungen innerhalb der verschiedenen Themenbereiche herauszustellen, um so die gegenwärtige theologische Diskussion zu veranschaulichen. Dabei sind einige Wesenszüge aufgetreten, die sich wie ein roter Faden durch alle Diskussionsfelder hindurch ziehen lassen. Zum Schluss der vorliegenden Arbeit sollen diese Wesenszüge noch einmal zusammenfassend genannt werden.

a) Zu Beginn der vorliegenden Arbeit wurden anhand einer Skizzierung des pelagianischen Streits aus dem frühen 5. Jahrhundert n. Chr. drei Verhältnisbestimmungen menschlichen Daseins als Kennzeichen hamartiologischer Auseinandersetzungen herausgestellt. Diese Erkenntnis hat ihren Ausdruck in der methodologischen Orientierung der neueren evangelischen Hamartiologie gefunden. Demnach vollzieht sich die gesamte menschliche Existenz als ein Dasein vor Gott, vor der Welt und nicht zuletzt in der Auseinandersetzung mit dem menschlichen Selbst. Die Sünde des Menschen ist somit als eine Verfehlung der geschöpflichen Bestimmung zu begreifen, die sich in diesen drei Verhältnisbestimmungen je auf entsprechende Weise konkretisieren lässt.

b) Innerhalb jeder Verhältnisbestimmung menschlichen Daseins wurde die Sünde als ein das Verhältnis zum Gegenüber korrumpierendes Verhalten dargestellt. Doch hierbei wurde die Einsicht gewonnen, dass es eine Art Hierarchie in der Kausalität des Sündigens gibt. Diese Kausalität veranschaulicht sowohl die These vom Primat des Gottesverhältnisses vor den beiden anderen Verhältnisbestimmungen als auch die Interdependenz der einzelnen Verhältnisbestimmungen untereinander. Je nach Intention eines hamartiologischen Ansatzes konnte es hierbei entweder um die Betonung der Kausalität des Sündigens mit dem Ziel einer Verifikation des Gottesverhältnisses und des Unglaubens als Wurzel von Sünde gehen, oder um eine Akzentuierung der Simultaneität und Interdependenz im Sündigen des Menschen.

c) Wenn es um eine Betonung der Kausalität des Sündigens ging, konnten wiederum zwei Wege eingeschlagen werden. Zum einen konnte versucht werden, ausgehend von dem Weltverhältnis auf immer tiefere Ursachen für dessen Korruption zu stoßen, um so eine Ausweisbarkeit christlicher Rede von der Sünde als ein Sein des Menschen plausibel zu machen. Diesem Weg sind TILLICH und insbesondere PANNENBERG in ihren Ausführungen gefolgt. Zum anderen konnte genau umgekehrt von der Offenbarung ausgehend versucht werden, eben jene Korruption aus der Wahrheitsstruktur der Wirklichkeit, wie sie in Gottes Selbstoffenbarung in Jesus Christus dargelegt ist, zu veranschaulichen. Diesen Ansatz haben JOEST und JÜNGEL verfolgt.

In den Ansätzen JOESTS und JÜNGELS spielte *naturgemäß* auch die Betonung der Interdependenz und der Simultaneität des Sündigens eine wichtige Rolle. Die Inkarnationslehre als Ausdruck für die Identifikation Gottes mit der *natura humana* war hier das Bindeglied zwischen der Sünde in den innerweltlichen Verhältnisbestimmungen und der Sünde *coram deo*. Hierin spitzte sich die Simultaneität und Interdependenz menschlichen Sündigens so sehr zu, dass tatsächlich nicht mehr zwischen der Sünde des Menschen in seinen innerweltlichen Verhältnisbestimmungen und der Sünde gegen Gott getrennt werden durfte.

Diese Zuspitzung ist m.E. in den anthropologischen Ansätzen nur eingeschränkt möglich. Denn es ist nicht möglich, einen anderen als den christlichen Gottesbegriff für eine solch intensive Nähe Gottes zu seinen Geschöpfen zu applizieren. Einzig in pantheistischen Gottesvorstellungen könnte dies noch gegeben sein, doch kann diese Erwägung kaum mit ernsthaften theologischen Absichten verbunden sein.

Trotz dieses Defizits in den anthropologischen Ansätzen sind diese m.E. aufgrund der detaillierten psychologischen Veranschaulichung dessen, was Sünde in der menschlichen Alltagserfahrung sein kann, in ihrer Bedeutung für eine Adaption christlicher Rede von Sünde in einer Gesellschaft, in der Gott und Sünde von einem nicht geringen Teil der Bevölkerung als unverständliche Relikte finstersten Mittelalters gelten, nicht zu unterschätzen.

So sollten beide Ansätze zu ihrem Recht gelangen, damit die Verkündigung der Kirche ihre ganze Kraft entfalten und die Menschen aus der todbringenden Dynamik der Sünde in das frei- und wahrmachende Licht Gottes führen kann.

IX. Literaturverzeichnis

Primärliteratur

JOEST, Wilfried — Dogmatik, Band 2, Der Weg Gottes mit dem Menschen, 3. durchgesehene Auflage, Göttingen 1993

JOEST, Wilfried — Gott will zum Menschen kommen. Zum Auftrag der Theologie im Horizont gegenwärtiger Fragen, gesammelte Aufsätze, Göttingen 1977

JOEST, Wilfried — Ontologie der Person bei Luther, Göttingen 1967

JOEST, Wilfried — Schuld erkennen – Schuld bekennen, in: Abschied von der Schuld?. Zur Anthropologie und Theologie von Schuldbewusstsein, Opfer und Versöhnung (Theologische Akzente Band 1) hrsg. v. Richard Riess, Stuttgart 1996

JÜNGEL, Eberhard — Barth-Studien, Zürich, Köln, Gütersloh, 1982

JÜNGEL, Eberhard — Das Evangelium von der Rechtfertigung des Gottlosen als Zentrum des christlichen Glaubens. Eine theologische Studie in ökumenischer Absicht, 5. Auflage, Tübingen 2006

JÜNGEL, Eberhard — Erfahrungen mit der Erfahrung. Unterwegs bemerkt, Stuttgart 2008

JÜNGEL, Eberhard — Gott als Geheimnis der Welt, 8. Auflage, Tübingen 1977, 2010

JÜNGEL, Eberhard — Tod, 4. Auflage, Stuttgart 1977

PANNENBERG, Wolfhart — Anthropologie in theologischer Perspektive, 2. Auflage, Göttingen 2011

PANNENBERG, Wolfhart — Systematische Theologie, Band II, Göttingen 1991

PANNENBERG, Wolfhart — Tod und Auferstehung in der Sicht christlicher Dogmatik, in: Grundfragen systematischer Theologie, gesammelte Aufsätze Band 2, Göttingen 1980, 146 (167)–159 (180)

PANNENBERG, Wolfhart — Was ist der Mensch? Die Anthropologie der Gegenwart im Lichte der Theologie, 8. Auflage,

Göttingen 1995

TILLICH, Paul   Systematische Theologie, Band I, 8. Auflage, Frankfurt am Main 1987

TILLICH, Paul   Systematische Theologie, Band II, 6. Auflage, Stuttgart 1979

Sekundärliteratur

AXT-PISCALAR, Christine   Art. Sünde VII, in: Theologische Realenzyklopädie (TRE), Band 32, hrsg. v. Gerhard Müller, Berlin 2001, 400–436

DETMER, Martin   Gott in Jesus Christus mit den Menschen. Zum offenbarungstheologischen Ansatz bei Wilfried Joest, Frankfurt am Main 1997

GREINER, Sebastian   Die Theologie Wolfhart Pannenbergs, (Bonner dogmatische Studien Band 2) hrsg. v. Wilhelm Breuning, Hans Jorissen und Josef Wohlmuth, Würzburg 1988

HAUSCHILD, Wolf-Dieter   Lehrbuch der Kirchen- und Dogmengeschichte, Band I, Alte Kirche und Mittelalter, 2. Auflage, Gütersloh 2000

HÄRING, Hermann   Das Problem des Bösen in der Theologie (Grundzüge Band 62), Darmstadt 1985

HOPING, Helmut   Freiheit im Widerspruch. Eine Untersuchung zur Erbsündenlehre im Ausgang von Immanuel Kant, (Innsbrucker theologische Studien Band 30), hrsg. v. Emerich Coreth, Walter Kern, Hans Rotter, Innsbruck – Wien 1990

KLEFFMANN, Tom   Die Erbsündenlehre in sprachlichtheologischem Horizont: Eine Interpretation Augustins, Luthers und Hamanns (Beiträge zur historischen Theologie Band 86), Tübingen 1994

LEONHARDT, Rochus   Grundinformation Dogmatik, 2. durchgesehene und aktualisierte Auflage, Göttingen 2004

LÖNNING, Per   Zur Denkbarkeit Gottes – ein Gespräch mit Wolfhart Pannenberg und Eberhard Jüngel, in: Studia theologica. Skandinavian Journal of Theology, ed. by Jacob Jervell & Arvid S. Kapeldrud, Vol. 34, Oslo, Bergen, Tromsö 1980, 39–72

LUSCHER, Birgit   Arbeit am Symbol. Bausteine zu einer Theorie religiöser Erkenntnis im Anschluss an Paul Tillich und Ernst Cassirer, Berlin 2008

MUGERAUER, Roland   Symboltheorie und Religionskritik. Paul Tillich und die symbolische Rede von Gott aus theologischer, religionsphilosophischer und psychoanalytischer Perspektive, konkretisiert am Symbol 'Vater' für Gott, Marburg 2003

PRÖPPER, Thomas   Das Faktum der Sünde und die Konstitution menschlicher Identität. Ein Beitrag zur kritischen Aneignung der Anthropologie Wolfhart Pannenbergs, in: Theologische Quartalschrift, hrsg. v. A. Auer, H. Haag u.a., 170. Jahrgang, München 1990, 267–289

RÖSSLER, Andreas   „Was uns unbedingt angeht". Paul Tillichs Reden von Gott, in: Glaubwürdig von Gott reden. Im Gespräch mit Paul Tillich, hrsg. v. Werner Zager, Leipzig 2012, 27–66

SECKLER, Max   Zur Diskussion um das Offenbarungsverständnis W. Pannenbergs, in: Münchener Theologische Zeitschrift (MThZ), hrsg. v. Wilhelm Keilbach & Leo Scheffczyk, 19.Jahrgang, München 1968, 132–134

WENZ, Gunther   Wolfhart Pannenbergs Systematische Theologie. Ein einführender Bericht, Göttingen 2003

ZAGER, Werner   Versuche, von Gott zu reden, in: Glaubwürdig von Gott reden. Im Gespräch mit Paul Tillich, hrsg. v. *Ders.*, Leipzig 2012, 8–25